Hiperconectados

¿Abusan nuestros hijos
del móvil e Internet?

Coordinadora
Esther Rincón

Hiperconectados

¿Abusan nuestros hijos
del móvil e Internet?

EDICIONES PIRÁMIDE

COLECCIÓN «PSICOLOGÍA»
Sección: Manuales Prácticos

Ilustración de cubierta: José Luis Espuelas

Imágenes de interiores: Freepik

Ediciones Pirámide se compromete con el medio ambiente reduciendo la huella de carbono de sus libros.

PAPEL DE FIBRA
CERTIFICADA

CEU
Instituto Universitario de
Estudios de las Adicciones
Universidad San Pablo

© Esther Rincón (coord.)
© Ediciones Pirámide (Grupo Anaya, S. A.), 2025
Valentín Beato, 21. 28037 Madrid
Teléfono: 91 393 89 89
www.edicionespiramide.es
Depósito legal: M. 2.897-2025
ISBN: 978-84-368-5004-8
Printed in Spain

AUTORES DE LA OBRA

Paula Andrade Pino

Doctoranda en Psicología. Profesora Colaboradora del Departamento de Psicología y Pedagogía de la Facultad de Medicina de la Universidad San Pablo-CEU.

Amable Cima Muñoz

Doctor en Psicología y Facultativo Especialista de Área (Psicología Clínica), con experiencia en la intervención de población infantojuvenil. Profesor Adjunto del Departamento de Psicología y Pedagogía de la Facultad de Medicina de la Universidad San Pablo-CEU. Miembro del Instituto Universitario de Estudios de las Adicciones (IEA-CEU).

Gabriel Dávalos Picazo

Doctor en Psicología y experto en la intervención psicosocial a nivel familiar. Profesor Adjunto del Departamento de Psicología y Pedagogía de la Facultad de Medicina de la Universidad San Pablo-CEU.

Pilar Egea Romero

Doctora en Psicología y experta en Metodología de investigación y Psicometría. Profesora Titular del Departamento de Psicología y Pedagogía de la Facultad de Medicina de la Universidad San Pablo-CEU.

María González Moreno

Doctora en Biología y experta en Humanización de la salud y enfoque narrativo en la atención sanitaria. Profesora Adjunta del Departamento de Psicología y Pedagogía de la Facultad de Medicina de la Universidad San Pablo-CEU. Miembro del IEA-CEU.

Ana Jiménez-Perianes

Doctora en Psicología y experta en Psicología Jurídica y Forense, así como en la intervención sanitaria a población infantojuvenil. Profesora Adjunta del Departamento de Psicología y Pedagogía de la Facultad de Medicina de la Universidad San Pablo-CEU. Miembro del IEA-CEU.

José Luis Lavandera Díaz

Doctor en Biología y experto en Neurociencia. Catedrático del Departamento de Ciencias Médicas Básicas de la Facultad de Medicina de la Universidad San Pablo-CEU.

Fernando Miralles Muñoz

Doctor en Psicología y Facultativo Especialista de Área (Psicología Clínica), con experiencia en la intervención de población adolescente y adulta. Profesor Adjunto del Departamento de Psicología y Pedagogía de la Facultad de Medicina de la Universidad San Pablo-CEU. Miembro del IEA-CEU.

Carlos Monfort Vinuesa

Doctor en Psicología. Doctor en Medicina y Facultativo Especialista de Área (Medicina Interna), con experiencia en la intervención de población adolescente y adulta. Profesor Adjunto del Departamento de Psicología y Pedagogía de la Facultad de Medicina de la Universidad San Pablo-CEU.

Esther Rincón Fernández

Doctora en Psicología y experta en el estudio empírico de los beneficios y riesgos que las nuevas tecnologías de la información y comunicación (TIC) conllevan para la sociedad, tanto en el ámbito docente como en el sanitario. Profesora Adjunta del Departamento de Psicología y Pedagogía de la Facultad de Medicina de la Universidad San Pablo-CEU. Miembro del IEA-CEU. Investigadora Principal de Psycho-Technology.

Irene Rodríguez Guidonet

Psicóloga general sanitaria, terapeuta familiar sistémica y experta en trastornos de la conducta alimentaria.

Adriana Pineda Rafols

Doctoranda en Psicología. Profesora Colaboradora del Departamento de Psicología y Pedagogía de la Facultad de Medicina de la Universidad San Pablo-CEU.

Rocío Poyatos Pérez

Doctoranda en Psicología.

*A mi padre, por enseñarme con vocación
inquebrantable la importancia de preservar
los derechos de los más vulnerables.*

*A mi madre, por ejemplarizar una crianza
basada en valores, firmes convicciones
y dosis inconmensurables de cariño incondicional.*

*A todas las familias que velan por el bienestar de los menores,
como futuros protagonistas de nuestra sociedad.
Nuestro agradecimiento por alentarnos e inspirarnos
en la escritura de esta obra.*

ÍNDICE

INTRODUCCIÓN

Querido lector, el libro que tienes en tus manos te transmitirá información práctica y veraz para que cuentes con los recursos necesarios que te permitan abordar eficazmente el uso de las pantallas en tu hogar. Nace de la profunda vocación científica y docente de todo el equipo interdisciplinar que ha creado esta obra: sanitarios, educadores y científicos; pero sobre todo padres y madres. Abordamos conceptos que la ciencia ha demostrado fundamentales para que las familias puedan desarrollar un correcto manejo del entorno digital. Este libro es una herramienta que transmite ejemplos claros y científicos, para ilustrar a los progenitores sobre cómo poder emplear la tecnología de forma adecuada; a fin de prevenir la creciente y preocupante problemática sanitaria relacionada con el uso abusivo y adictivo del entorno digital por parte de los jóvenes.

Hiperconectados se gestó hace casi diez años, lejos de España.

En aquella época, me encontraba desarrollando mi actividad laboral al otro lado del Atlántico. Solía realizar mis funciones de investigación desde el lugar donde residía entonces, un condominio que contaba con instalaciones que permitían a los residentes la práctica de su actividad laboral sin tener que abandonar el recinto. Este amplio espacio estaba dotado con varias mesas y sillas de oficina, casi una docena de puestos de ordenador de sobremesa, impresoras, una sala de juntas privada, y por supuesto conexión a Internet gratuita. Los ordenadores se asentaban sobre una gran mesa alargada y anexa a la pared, que se disponía de forma circular a lo largo de una extensa sala de trabajo. En el centro de dicha sala había una única mesa circular, desde la que se podían ver todas las pantallas de los ordenadores allí dispuestos. Precisamente esa mesa circular era la que solía ocupar, dado que era la que me permitía poder expandir todas mis anotaciones. No era la única que acostumbraba a trabajar desde aquel *business center,* sino que otros muchos vecinos también eran asiduos. Así ocurría con una madre y su hija pequeña de unos 5 años. Todas las mañanas de los días laborables, solían acudir a primera hora a esa sala y seguir idéntico proceder: la progenitora reservaba la sala de juntas para realizar llamadas telefónicas, videoconferencias o trabajar en su propio ordenador, mientras que la pequeña se quedaba en uno de los puestos de ordenador de la sala común. Nada de ello sería notable de ser comentado aquí si no fuera por lo que aconteció una mañana.

La pequeña, de conducta ejemplar, se disponía frente a uno de aquellos ordenadores de sobremesa para visionar durante largas horas vídeos de YouTube, a un volumen extraordinariamente reducido para no molestar, hasta que su madre finalizaba su jornada laboral, y entonces se marchaban juntas. Algunas veces, estos vídeos eran de *Sesame Street* (la versión norteamericana de nuestro *Barrio Sésamo*) o de otro tipo de dibujos animados.

Nada de ello llamó mi atención, inmersa también en mi rutina diaria, hasta que un día la pequeña se levantó para ir al baño y dejó el vídeo pausado. Entonces percibí con incredulidad que los personajes, concretamente los protagonistas de una conocida película de reciente estreno de Disney, no estaban solo «bailando y cantando», sino practicando escenas del todo inapropiadas para un público infantil. Es decir, la pequeña estaba visionando inocentemente a los personajes de la famosa película de *Frozen,* pero realizando escenas consideradas como pornografía. Lo que me preocupó más fue que era probable que esa pequeña hubiera estado viendo ese vídeo durante varios minutos, y quién sabe si más contenido de esa naturaleza, porque estaban a su disposición en buscadores que devolvían contenido supuestamente apto para menores.

Esa circunstancia me hizo reflexionar profundamente y seguir observando distintas escenas cotidianas de la crianza, hasta el día de hoy, en el que sostienes este ejemplar en tus manos. Tuve entonces el firme convencimiento, que me acompaña todavía, de que los hechos no se debieron a una mala praxis, sino al desconocimiento. Sobre todo, porque aquella madre pidió disculpas por las molestias ocasionadas cuando llamé su atención sutilmente al contenido que había en la pantalla. Nunca más volvió a ese lugar.

Hace casi diez años desde ese día en el que me planteé cuántos menores no estarían en la misma situación, solos frente a Internet durante horas. Y si era tan sencillo poder visionar ese tipo de contenido, que aparecía ante búsquedas realizadas por pequeños de alrededor de 5 años, qué no estarían viendo en esas pantallas otros niños mientras que sus progenitores deben acometer las numerosas responsabilidades profesionales y domésticas que desafían hoy en día a tantos hogares. Me preguntan en la actualidad muchas familias que cuánto tiempo deben permitir a sus hijos ver Internet. Esa cuestión me sigue trayendo inevitablemente a la mente esa pasada escena. No se trata de cuánto tiempo, sino de **qué, cuándo, cómo, por qué y para qué.** Y esas son precisamente las preguntas que vertebran esta obra.

Hiperconectados se gestó hace casi diez años con el fin de transmitir información científica que pudiese ayudar a padres y madres a no tener que asumir ese «riesgo probable». A que supiesen manejar las pantallas en casa de una forma eficaz, evitando conflictos y situaciones de discordia que no conducen, en el mejor de los escenarios, más que a un empeoramiento del clima en los hogares. La familia es uno de los pilares fundamentales de nuestra sociedad, un valor inestimable en el que hemos crecido y del que debemos preservar su función principal: la crianza y el desarrollo óptimo de todos sus miembros.

Hiperconectados nace, además, gracias al valioso apoyo del Instituto Universitario de Estudios de las Adicciones (IEA-CEU) de la Universidad San Pablo-CEU de Madrid, y de la mano de un fabuloso grupo de profesionales pertenecientes, en su mayoría, al equipo de investigación «Psycho-Technology», de la misma universidad.

Todos ellos han prestado amablemente su tiempo y su esfuerzo para una causa común: instruir a las familias para contribuir humildemente a mitigar los perjuicios en la salud mental de los menores, que advertimos en nuestro devenir diario. Su contenido se vertebra en más de dos centenares de referencias científicas que pueden consultarse al final de la obra y que han sido señaladas a lo largo de todos los capítulos que componen la misma, mediante números consecutivos en formato de superíndice. Nos preocupamos, por tanto, y nos ocupamos ahora de esta cuestión, con una mirada científica y basada en el conocimiento veraz transmitido, así como en nuestra propia experiencia como profesionales, y también como progenitores. Consideramos que, mediante una formación adecuada, las familias pueden llegar a ser agentes de cambio de su propia realidad.

1. ¿QUÉ ENTENDEMOS POR «ADICCIONES DIGITALES»?

Esther Rincón

Existe una creciente toma de conciencia por parte de la sociedad sobre el hecho de que las nuevas tecnologías (o TIC) están cambiando nuestra realidad. Tal y como se ha señalado en la introducción, este libro dará respuesta a las siguientes preguntas, relativas a las adicciones digitales y su manejo en los hogares: *qué, cuándo, cómo, por qué y para qué*.

Lo primero que tenemos que saber es que las adicciones digitales o tecnológicas, así como las denominadas «adicción a Internet», «adicción al móvil», «adicción a las pantallas» o «adicción a redes sociales», tienen un largo camino todavía que recorrer para que puedan definirse como trastornos mentales. Ello se debe a que no están recogidas como tal en los manuales internacionales que los sanitarios empleamos para poder diagnosticar las enfermedades mentales y que son fundamentalmente dos: el *Manual diagnóstico y estadístico de los trastornos mentales* (DSM-5-TR)[1], publicado por la Asociación Americana de Psiquiatría, y la *Clasificación internacional de enfermedades* (CIE-11)[2] publicada por la Organización Mundial de la Salud en 2022.

El hecho de que todavía no estén recogidas en dichos manuales no se debe a que no existan como tal, sino más bien a que todavía hace falta un mayor número de investigaciones científicas que permitan definirlas con mayor nitidez y precisión. De estas definiciones partirían los criterios diagnósticos, así como los correspondientes protocolos de prevención y de tratamiento. Es decir, aunque es una realidad creciente en el ámbito clínico, todavía tenemos mucho que aportar desde la ciencia.

Hoy en día, tanto en el ámbito profesional como en el doméstico, todos empleamos Internet a diario. Y cabe destacar que no todo es perjudicial en relación con el entorno web. No se debe demonizar al mismo, dado que numerosos estudios han demostrado que, bien empleado, Internet proporciona herramientas muy positivas en el ámbito de la salud mental, la educación, la comunicación y la conectividad global[3]. Así, investigaciones a gran escala[4], que han incluido a más de 20.000 participantes, han demostrado que Internet ha tenido un impacto positivo en la vida diaria de los ciudadanos. Sin embargo, un uso desmesurado también ha conducido a consecuencias negativas de diversa índole, cuya máxima expresión se materializa en una adicción.

Entonces, comenzaremos definiendo qué son las adicciones digitales según la información científica disponible.

¿QUÉ ES?

Hay quien emplea de forma indistinta términos tales como «adicción a Internet» o «uso problemático de Internet» (PIU o PRIU por sus siglas en inglés). Estos términos estarían bajo lo que se ha denominado como «adicciones conductuales o comportamentales».

Una adicción comportamental está representada por aquellos comportamientos que se realizan, en un primer lugar, por el puro placer de realizarlos (por ejemplo, chatear, mirar perfiles en redes sociales, o comprar por Internet), pero llega un momento en que dicha actividad deja de tener un fin lúdico y se convierte en una **«necesidad».** El problema ocurre, por tanto, cuando ese empleo deja de ser esporádico para convertirse en una costumbre que acaba derivando en algo «necesario». Además, mediante esta «necesidad» los menores consiguen evadirse de la realidad que los incomoda o entristece.

Atendiendo a aquellos comportamientos que pudieran convertirse en patológicos, un reciente estudio[5] ha establecido la siguiente clasificación:

- 📶 *Juego patológico.* Tanto presencial como en línea.
- 📶 *Adicciones digitales o tecnológicas.* Incluyen los comportamientos adictivos mediante el uso de Internet, redes sociales, videojuegos, el móvil y pantallas en general. Se explicarán extensamente en capítulos independientes por sus particularidades.
- 📶 *Adicciones somáticas.* Aquellas que se vinculan a funciones corporales tales como el sexo (pornografía, hipersexualidad), la comida o el ejercicio físico.
- 📶 *Adicciones sociales o personales.* Entre las que se mencionan la dependencia emocional o la dependencia a grupos.
- 📶 *Otras.* Tales como la adicción a las compras o la adicción al trabajo.

De esta manera, la adicción a la tecnología puede ser el problema inicial, o bien el canal a través del cual se facilita otro comportamiento adictivo, por ejemplo, pensemos en las personas que compran compulsivamente en la web o que consumen pornografía de forma compulsiva. Nos centraremos a lo largo de esta obra, por tanto, en las adicciones digitales o tecnológicas entendidas como problema primario en los menores y no como un canal facilitador de otros comportamientos adictivos (adicciones somáticas o sociales, por ejemplo).

Debido al hecho de que la adicción digital o tecnológica no está incluida explícitamente como tal en los manuales internacionales, para detectar su presencia se suelen aplicar los requisitos ya establecidos para el «trastorno por uso de videojuegos» según la CIE-11[2], o también llamado «trastorno de juego por Internet» o *Internet Gaming Disorder* en DSM-5-TR[1], que puede considerarse si aparecen cinco o más de los siguientes criterios durante al menos los pasados doce meses:

- *Preocupación con los juegos de Internet*. Cuando la persona convierte el juego en Internet en la actividad central de su vida, mostrando un interés desmesurado en acceder a dichos juegos y planeando cuándo podrá volver a jugar.
- *Abstinencia*. Cuando la persona no puede tener acceso a los juegos o se le impide dicho acceso, manifestará síntomas de malestar psicológico tales como irritabilidad, ansiedad o tristeza, sin que se presenten síntomas de abstinencia farmacológica.
- *Tolerancia*. La persona cada vez necesita jugar más tiempo para conseguir disfrutar del juego.
- *Falta de control*. El jugador ha intentado sin éxito controlar o reducir el tiempo que dedica al juego en Internet.
- *Pérdida de interés en otras aficiones*. Las actividades o entretenimientos previos que antes producían placer o agrado han dejado de generarlo, a excepción del juego en Internet.
- *Se mantiene el uso excesivo* a pesar de ser consciente de los problemas en diversos ámbitos de su vida que esto le acarrea.
- *Se oculta o se miente*. Ha engañado a miembros de su familia, terapeutas u otras personas en relación con la cantidad de tiempo que juega por Internet.
- *Evasión*. El juego por Internet se emplea como modo de evasión o alivio de un malestar emocional (por ejemplo, sentimientos de frustración, culpa o ansiedad).
- *Pérdidas relevantes*. El juego por Internet ha dañado aspectos vitales importantes para la persona tales como una relación sentimental, así como su ámbito educativo o laboral.

El DSM-5-TR[1] además diferencia tres niveles de gravedad (leve, moderado o grave) en función del grado de consecuencias negativas que esta problemática haya acarreado a la persona, así como del número de horas que este dedique a jugar *online*.

Cabe mencionar que este trastorno está pensado para ser diagnosticado en adultos (no en niños ni adolescentes), así como requerir de doce meses de presentación para su establecimiento[5].

Adicción a Internet

Para definir qué se considera un uso abusivo o adictivo de Internet, es preciso remontarse específicamente a los estudios pioneros de la doctora Kimberly Young, una renombrada psicóloga norteamericana, pionera en la descripción, definición y tratamiento de la «adicción a Internet» desde 1998. Así, Young[6] describió cuatro criterios para poder establecer la adicción a Internet:

1. *Uso excesivo*. Que se explicita por la pérdida de conciencia del tiempo que se usa Internet, descuidando o desatendiendo otras necesidades de la vida cotidiana, entre las que se incluyen algunos aspectos básicos como la alimentación, el sueño o la higiene.
2. *Abstinencia*. Cuando las personas no pueden acceder al entorno web, experimentan un malestar emocional que se puede traducir en síntomas como ira, tensión o síntomas depresivos y ansiosos.
3. *Tolerancia*. Si cada vez se necesita pasar más tiempo en el entorno web.
4. *Repercusiones negativas*. Al dejar de realizar otras actividades relevantes para la vida de la persona, tales como las académicas y laborales, familiares o sociales.

Se ha sugerido que la adicción a Internet debería ser categorizada también como un cuadro adictivo[7], debido a que numerosos estudios han demostrado que tiene unas consecuencias a nivel neurológico muy similares a las que sufren los pacientes con trastornos adictivos a sustancias (por ejemplo, las adicciones a la cocaína o a la heroína).

¿CUÁNDO PASA?

Los expertos señalan, casi de forma unánime, que las nuevas tecnologías tienen un indudable poder adictivo para los menores, y que su uso indiscriminado, abusivo y sin supervisión parental constituye un riesgo indudable para el correcto desarrollo psicológico de los niños y adolescentes.

Lo que implica y señala la presencia de una conducta adictiva, en relación con las nuevas tecnologías, podría ser aquel comportamiento que **se llevaba a cabo como una forma de entretenimiento,** por ejemplo, chatear con los amigos o subir contenidos a una red social, **pero que a medida que se repite en el tiempo, llega a convertirse en una «necesidad»,** de forma que no hacerlo produce un malestar en los pequeños, provocando que deban llevarla a cabo para reducir este malestar y dedicándole cada vez más tiempo; a pesar de que ello les acarree consecuencias negativas de diversa índole (familiar, escolar o social). En este sentido, es de gran relevancia identificar también los indicadores de tolerancia, abstinencia y los intentos previos que ha realizado el menor por tratar de controlar su uso de las pantallas y que no han tenido éxito.

La importancia de observar

Es importante que como padres sepamos determinar qué se considera actualmente un uso abusivo o adictivo y, sobre todo, que sepamos identificarlo en nuestros hijos. Esto quiere decir que, si observamos a nuestros pequeños, podremos intuir mucha información sobre lo que explicamos anteriormente. Pero **¿en qué hay que fijarse concretamente? ¿Por qué el entorno digital se vuelve adictivo? ¿Cuáles son los signos de alerta?**

Las nuevas tecnologías se convierten en adictivas para nuestros hijos cuando:

🔭 Hay una **preocupación excesiva** por su uso, con **falta de control** y **pérdida de interés en otras actividades.** Acceder al móvil, a los videojuegos, o a las redes sociales se convierte en el centro de su vida, de forma que pregunta e insiste demasiadas veces por tener acceso a dicha tecnología, pierde habitualmente la noción del tiempo desarrollando dichas actividades *online,* le cuesta trabajo o se niega con frecuencia a dejar de realizarlas, prefiriéndolas a actividades lúdicas que antes le resultaban muy motivadoras (por ejemplo, jugar al fútbol con sus amigos, ir a visitar a los abuelos o ir a su restaurante favorito).

🔭 **Empiezan a aparecer consecuencias perjudiciales para el menor** como fruto del empleo excesivo de la tecnología, mientras **que su comportamiento empeora.** Es decir, las tareas escolares comienzan a dejarse inacabadas, incluso apareciendo llamadas de atención del centro escolar por un bajo rendimiento y, a pesar de ello, no abandona el uso de las pantallas, aun sabiendo que le está acarreando consecuencias negativas tanto en el ámbito escolar como en el familiar. Es más, comienza a mentir o manipular con tal de que pueda tener acceso al entorno digital. Es posible que sus amigos dejen de interesarse por jugar con él, como solía ser habitual, o que haya tenido enfrentamientos con ellos. También puede suceder que su rutina diaria se modifique o perjudique, como por ejemplo:

a) Su **alimentación,** si no quiere merendar aquello que antes le parecía delicioso, por tener acceso antes a las pantallas, o cene rápido y en menor cantidad, incluso cuando se sirve su cena favorita, para tener más tiempo para conectarse.

b) Su tiempo de **sueño,** si se levanta más cansado por las mañanas, e incluso nos comunique que no duerme bien o le cuesta mucho conciliar el sueño.

c) Su **higiene,** si deja de ducharse porque se le ha pasado la hora por estar *online,* o abandona el hábito previo de lavarse los dientes antes de acostarse por la urgencia de conectarse.

d) Su **comportamiento,** mostrando rasgos alejados de su edad que antes no eran habituales como un vocabulario o gestos impropios, nuevos insultos, conductas demasiado violentas con sus hermanos, o comentarios que no deben ser accesibles a su edad, como un lenguaje sexualizado.

- 🔭 **El entorno digital se convierte en una vía de evasión.** Cuando el menor está triste, enfadado o disgustado por algo que le haya sucedido, encuentra en las redes sociales, los videojuegos o el entorno web una vía de escape para tratar de evitar pensar en sus problemas. **El hecho de «conectarse» le ayuda a evadirse y no pensar o no enfrentar esas emociones negativas.**

- 🔭 **Cada vez necesita más tiempo «conectado», y cuando no puede acceder, su comportamiento empeora radicalmente.** Cuando los menores pasan horas y horas conectados, están como «ausentes», dado que su atención está focalizada completamente en la tarea que estén realizando *online,* pero ¿qué pasa cuando se les invita a «desconectarse»? Si la respuesta es que se producen conductas inapropiadas tales como gritar, insultar, golpear o tirar objetos, resistirse hasta llorar desconsoladamente o incluso «estallidos» de cólera con un claro descontrol del comportamiento, hay que sospechar.

Lo habitual hoy en día es que el menor no atienda las llamadas de «tienes que dejar el móvil y hacer los deberes» o «deja la tableta que tienes que cenar». Pero lo relevante es observar qué pasa cuando el menor «tiene que dejar de estar conectado». ¿Su comportamiento entonces empeora notablemente? ¿Era antes así, o supone un cambio sustancial con respecto a la forma de comportarse en semanas previas?

Cabe destacar que la etapa de la adolescencia se caracteriza lógicamente por un profundo cambio a nivel psicofisiológico, y que en esta época es más frecuente que las conductas retadoras aparezcan. No obstante, es importante estudiar y observar el cambio a lo largo del tiempo, sobre todo si ahora abandona aquello que antes le resultaba agradable realizar por estar conectado, y también si ha habido cambios en su comportamiento, como los señalados anteriormente. Estos cambios pudieran ser indicadores **de tolerancia y abstinencia,** similares a los que se aprecian en otros cuadros adictivos (por ejemplo, la adicción a la nicotina).

¿CÓMO ABORDARLAS? CLAVES PRÁCTICAS EN CASA

Observemos si en nuestros hijos:	🔭 Hay una **preocupación excesiva** por usar las pantallas, con falta de control y pérdida de interés en otras actividades lúdicas que previamente les gustaban. 🔭 Aparecen **consecuencias perjudiciales** para los pequeños y adolescentes como fruto del empleo excesivo de la tecnología, mientras que su comportamiento empeora (rabietas, mayor tristeza, apatía, falta de sueño, alteración en su alimentación o en su rendimiento escolar). 🔭 **El entorno digital se convierte en una vía de evasión.** Tras una discusión familiar o un disgusto en el colegio, nuestros hijos acuden a las pantallas para evitar pensar en ello, calmarse y evadirse de ese problema. Sobre todo si esto se repite en numerosas ocasiones en las últimas semanas. 🔭 **Existe la necesidad de estar hiperconectados.** Cada vez necesitan más tiempo de conexión al entorno digital, y cuando no pueden acceder al mismo, su comportamiento empeora radicalmente. Nos han desafiado directamente al tratar de recordar los límites del uso de la tecnología en casa; han desobedecido reiteradamente los límites o normas consensuados al respecto, han insultado, gritado, golpeado o emitido comportamientos fuera de lugar, en espacios públicos o en casa, como consecuencia directa de que les hayamos restringido el acceso a las nuevas tecnologías. 🔭 **Hay cambios notables en su manera de comportarse o actuar,** en su estado de ánimo, en las actividades que antes les agradaban y ahora ya no practican; han cambiado su forma de comer, su calidad de sueño, sus relaciones sociales, o su nivel de rendimiento escolar.
Controlando la tecnología para que no sea ella quien controle a nuestros hijos:	☼ Es de extraordinaria importancia que, como padres, conozcamos el entorno digital, sus ventajas y sus potenciales peligros para que podamos realizar un adecuado acompañamiento, formación y supervisión de nuestros hijos, evitando que puedan asumir riesgos y conductas problemáticas en el presente y en el futuro.

¿CÓMO ABORDARLAS? CLAVES PRÁCTICAS EN CASA		
Acompañando a nuestros hijos en este nuevo desafío generacional:	☼	Hacemos nuestros deberes como padres a la hora de acompañarlos en este nuevo desafío, de idéntica manera a como se procede en otros hitos evolutivos tales como cuando nuestros pequeños deben aprender a vestirse o a ducharse solos, a cruzar un paso de peatones, a conducir, a cocinar o a firmar su primer contrato laboral o hipoteca. Salvando las distancias, en todos estos desafíos acompañamos y animamos a nuestros hijos para garantizarles que el aprendizaje se adquiera de forma exitosa. **El entorno digital es otro proceso de aprendizaje en el que debemos estar muy presentes.**
Solicitando ayuda y asesoramiento de profesionales cualificados:	☼	No debemos dudar en consultar a profesionales (como por ejemplo pediatras, profesores u otros profesionales sanitarios) si sospechamos que nuestro hijo puede estar entrando en un proceso adictivo después de seguir las claves anteriormente explicadas. Estos profesionales cuentan con guías de sus colegios profesionales sobre cómo deben actuar, y podrán asesorarnos sobre el mejor modo de proceder. También se puede consultar más información en el capítulo 13 donde se ofrecen guías clínicas y centros públicos donde pedir información.

¿POR QUÉ?

Cuando las nuevas tecnologías aparecieron (Internet, los teléfonos inteligentes o *smartphones,* las aplicaciones o *apps,* la realidad virtual, el metaverso y hasta la inteligencia artificial actual), se nos presentaron como una revolución tecnológica que, como poco, cambiaría nuestra forma de entender el mundo y de desarrollar actividades cotidianas tales como trabajar, estudiar o relacionarnos con nuestros amigos y familiares. **Pero pocos pensaron en su poder «adictivo».** Salvando las distancias conceptuales, esta situación ya ha ocurrido previamente, con sustancias como la nicotina que hoy en día están reconocidas por las autoridades sanitarias como claramente adictivas. A mediados del siglo XVI, el tabaco se consideraba una planta curativa, y no fue hasta principios del siglo XX cuando aparecieron las primeras restricciones, fruto de relevantes publicaciones científicas que comenzaban a alertar

27

de los efectos nocivos de su consumo. El cigarrillo constituía una sustancia de fácil acceso, de consumo rápido, y cuyos efectos, a nivel neurológico, se producían con gran celeridad.

De alguna forma, el teléfono móvil inteligente presenta similares características en tanto en cuanto nos permite acceder rápida y cómodamente a distintas herramientas virtuales, cuyo beneficio lúdico supone un «premio» para nosotros. Estos «premios», conocidos por los profesionales de la salud mental como «reforzamiento positivo», se dispensan a las personas de forma inmediata a través del entorno digital. Tras esos «premios», queremos seguir emitiendo ese comportamiento (uso de Internet, móvil, etc.), con cada vez más frecuencia. Es decir, nos sentimos bien cuando lo empleamos para realizar actividades de la vida cotidiana, por lo que esa sensación de bienestar («premio») incrementa la posibilidad de que sigamos utilizándolo para tales fines. Es más, tras sentir esta sensación de bienestar, cada vez tendremos más interés en conseguirla, en mayor diversidad de situaciones y cada vez más tiempo. Más peligroso es que no lo hagamos por entretenimiento o porque nos resulte práctico, sino porque nos ayude a evadirnos de algún malestar presente. O peor aún, que se deba a que tenemos una gran inquietud por el hecho de no haber podido acceder al entorno digital durante un tiempo concreto; y el hecho de poder volver a emplearlo alivie dicho desasosiego.

Por tanto, la tecnología se puede volver adictiva porque tenemos un acceso muy sencillo e inmediato a la misma (con un teléfono inteligente y conexión wifi es suficiente), que nos permite obtener casi cualquier tipo de contenidos y estímulos (preferentemente por aquellos por los que nuestro cerebro se siente atraído de forma natural, como son las imágenes en movimiento), disponibles 24 horas al día de forma anónima e ilimitada, y que nos generan una recompensa casi inmediata (sensación de bienestar) e intermitente. Es más, el hecho de que sea intermitente y no continua nos «engancha» todavía más. Así, el hecho de recibir (o no) una respuesta o un *like* en nuestra red social no se produce de manera continua, dado que no es automático, sino que depende de que alguien, en un lapso de tiempo determinado, nos lo facilite, otorgándonos esa «recompensa» o «premio».

Las redes sociales concretamente, además, nos permiten tener un acceso a nuestros amigos de forma permanente, lo que puede contribuir a un incremento de nuestra visibilidad, integración y reafirmación de nuestra identidad en el grupo (los amigos). Los videojuegos, por su parte, además de recompensar de forma inmediata e intermitente, suponen un desafío, dado que exigen un creciente nivel de dificultad, lo que incrementa la probabilidad de que queramos seguir jugando, generando una sensación de control o dominio del juego. Como se ha señalado previamente, cuando empleamos la tecnología para aliviar un malestar que sentimos, más que para realizar una determinada actividad práctica (comprar algo que necesitamos, por ejemplo), lo que favorece una «desconexión» de la realidad, su poder recompensante es innegable; y ello incrementa el peligro de llegar a convertirse en un comportamiento adictivo.

Así pues, y como se ha señalado en numerosos medios de comunicación, diversas aplicaciones digitales están siendo investigadas para poder determinar si fueron creadas con intención de generar un patrón adictivo en su uso. Ello debido a que cuanto más capte nuestra atención, mayor consumo tendremos de ella y, por tanto, más facturación tendrán las empresas que la comercializan. Desde un punto de vista psicológico, están diseñadas para ser «persuasivas».

Si bien es cierto que estas estrategias de persuasión pueden resultar útiles si lo que se está intentando, por ejemplo, es que un paciente con una determinada patología emplee una herramienta web que le será de gran provecho terapéutico, véase una persona con Alzheimer que podría beneficiarse de una determinada *app* desarrollada por expertos sanitarios para su rehabilitación neurológica. Así, el hecho de que esta *app* resulte atractiva y sea capaz de persuadir al paciente para que la emplee, redundará en el beneficio último del propio paciente, siendo mayor cuanto más la utilice.

Sin embargo, estas mismas leyes de la persuasión se aplican desafortunadamente a otras herramientas digitales, que lejos de buscar un fin beneficioso o terapéutico en los pacientes o usuarios, persiguen más bien un fin lucrativo. Ello debería regularse, también, desde las autoridades competentes, pero antes de que esa realidad acontezca o sea definitivamente explícita, los padres hemos de poder abordar esta realidad que nos incumbe como tutores y con la que nos encontramos cada día; contando con las herramientas que se encuentran a nuestra disposición. Tenemos confianza en que, entre todos, conseguiremos que los menores se puedan beneficiar de las ventajas que el entorno digital les puede facilitar, evitando los perjuicios derivados del mismo. Pero esto solo puede ser posible si todos los agentes implicados trabajamos de forma conjunta. Hay iniciativas legislativas interesantes que se han publicado al respecto y se incluyen en el capítulo 13, tales como el Anteproyecto de Ley Orgánica para la Protección de las Personas Menores de Edad en los Entornos Digitales, publicado el pasado 4 de junio de 2024; o el Informe para el desarrollo de un entorno digital seguro para la juventud y la infancia, aprobado por el Consejo de Ministros y publicado el 3 de diciembre de 2024. En este último, un comité de expertos ofrecen 107 recomendaciones concretas entre las que se incluyen no exponer a menores de 3 años a pantallas, al tiempo que enfatiza la supervisión de un adulto en el empleo del entorno digital a partir de los 6 años. En esta línea, y si se avanza desde distintos estamentos sociales, se estará allanando más todavía el camino a tantas familias que deben formarse y gestionar una realidad que está causando mucha discordia y malestar en los hogares.

¿Cuál es la dimensión real del problema?

La realidad clínica nos dice que las adicciones a las nuevas tecnologías se han incrementado y que, afortunadamente, empieza a existir una concienciación social y de las autoridades pertinentes. Aun así, todavía hay mucho por hacer. Por ejemplo, no hay consenso sobre si es mejor que los niños estudien en los colegios empleando las nuevas tecnologías o no, volviendo al sistema tradicional de «papel y lápiz». Otra controversia de reciente impacto mediático es la idoneidad de prohibir o no el acceso a un teléfono inteligente a los menores de 16 años, así como la estipulación expresa de las edades en las que los menores podrían tener acceso al entorno digital de forma saludable, o el tiempo concreto que se considera adecuado.

Todos estos interrogantes se han abordado ya en diversas investigaciones, pero el consenso de los diversos organismos nacionales e internacionales no se ha alcanzado completamente. Hay que avanzar, por tanto, para alcanzar dichas guías o estándares globales. Sin embargo, un hándicap añadido viene determinado por la velocidad en que se desarrollan los avances tecnológicos. Es decir, no hemos terminado de realizar investigaciones sobre los efectos positivos y negativos del empleo de las aplicaciones móviles (o *apps*) al entorno sanitario, cuando aparece el metaverso y hemos de estudiarlo. Pero cuando aún no hemos presentado las conclusiones de dichos estudios, se produce una irrupción a gran escala de la inteligencia artificial, que promete cambiar nuestra realidad cotidiana y, sobre todo, en lo que a los educadores y sanitarios incumbe, la forma en la que nuestros menores y universitarios estudiarán, o nuestros futuros profesionales de la sanidad ejercerán su labor. A pesar de dicha vertiginosidad, y gracias al esfuerzo de muchos profesionales, tenemos datos concretos sobre el impacto que el uso de las nuevas tecnologías está teniendo tanto en nuestro país como a nivel internacional.

En un reciente estudio presentado por la Fundación Fad Juventud[8] y dado a conocer el 28 de febrero de 2024, se encuestó a 1.510 jóvenes españoles de entre 15 y 29 años. Los resultados muestran que la mitad de estos estudiantes (48%) manifestó tener la sensación de pasar demasiado tiempo en Internet y en redes sociales (48,6%), o empleando el móvil (53,2%). De entre ellos, las mujeres reconocían más que los hombres pasar un excesivo tiempo en Internet, en redes sociales y con el *smartphone*. Asimismo, las dos actividades que más se desatendían por estar en Internet o en redes sociales eran dormir (42,5%) y estudiar (40,5%). Resulta llamativo que la mayoría de los jóvenes referían haber tenido la sensación de hartazgo o saturación por el uso de Internet o redes sociales, «hasta el punto de tener que desconectarse».

En un estudio realizado en diez países europeos[9] en 2012, entre los que se incluía España, las cifras de uso problemático de Internet entre los adolescentes con una media de edad de 15 años fue del 13,3%, situándose en el 4,3% en relación con las tasas de adicción a Internet.

En la encuesta llevada a cabo en 2022 por EDADES[10], la prevalencia estimada de un posible uso compulsivo de Internet en España, atendiendo a la población de entre 15 y 64 años, fue de 3,5%, siendo muy similares en cuanto al sexo. Sin embargo, esta problemática se incrementó en franjas de edades de menores de entre 15 y 24 años.

En los países orientales es donde se ha realizado una mayor investigación acerca de la adicción a Internet. Más concretamente, en China[11] se ha estudiado la adicción a Internet en alumnos universitarios, en adolescentes, en niños y también en población general. Los datos señalan que un 8,7% de los 5.249 estudiantes encuestados tendrían criterios de adicción a Internet, siendo el índice mayor en varones (12,3%) que en mujeres (4,9%).

¿PARA QUÉ ES PRECISO QUE LOS PROGENITORES SEPAMOS QUÉ ES UNA ADICCIÓN DIGITAL Y CÓMO DETECTARLA EN NUESTROS HIJOS?

A continuación explicaremos aquellos factores que se han visto asociados a la aparición de la adicción a Internet. Asimismo, se ampliará información sobre las repercusiones negativas del uso excesivo de las nuevas tecnologías en los menores en el capítulo 2.

Se sabe que aquellos niños que presentan una adicción a Internet tienen mayores niveles de depresión que los niños que no tienen este comportamiento adictivo. Algunos estudios afirman que este mayor padecimiento de síntomas depresivos se produce como consecuencia de este abuso de las pantallas, que llega a provocar un aislamiento social en el pequeño (deja de jugar con sus amigos o practicar otras actividades lúdicas). Otros autores afirman que la mayor presencia de trastornos depresivos es la causa de que los menores se «enganchen» a las nuevas tecnologías, dado que las mismas les evaden de la realidad desafortunada que no quieren enfrentar. Como muchos científicos plantean, es posible que estén ocurriendo las dos realidades a la vez y que ambas se retroalimenten, es decir, que comience como una causa y se convierta en una consecuencia que incremente aún más el problema, estableciendo un bucle perverso que los padres y sanitarios debemos detectar y atajar, según las circunstancias particulares de cada caso.

Consecuencias negativas derivadas de la adicción a Internet

Diversos estudios han señalado que la adicción a Internet produce efectos nocivos tanto a nivel físico como psicológico, tales como dolor lumbar y cervical, deterioro de la vista, sintomatología depresiva, insomnio, hiperactividad, fobia social y trastorno por déficit de atención e hiperactividad (TDAH)[11].

Asimismo, Internet también ha demostrado tener otros efectos perjudiciales para los usuarios. Entre ellos se han mencionado el sentimiento de «soledad estando acompañado» que se produce porque, a pesar de poder tener una mayor conectividad, el entorno web genera en los usuarios una creciente sensación de soledad[12]. Así, el uso excesivo de Internet se ha asociado además a una mayor presencia de depresión[13], ansiedad[14] y rasgos de personalidad tales como un mayor neuroticismo o menor amabilidad[15]. Otros rasgos de personalidad como una mayor extroversión parecen ser protectores del uso excesivo de Internet[16]. Junto a ello, aquellas personas que presentan un uso excesivo de Internet manifiestan también comportamientos que se asocian tradicionalmente a otros trastornos adictivos, tales como la presencia de abstinencia, cambios bruscos del estado de ánimo, tolerancia o una mayor conflictividad[17]. Incluso se han determinado aspectos anormales en el cerebro, tanto en su funcionamiento como en su estructura[18].

Los estudios realizados en China[11] determinan, por ejemplo, que la sintomatología depresiva constituye un factor muy relevante en el hecho de que los estudiantes desarrollen una adicción a Internet. Así, se ha demostrado que, de los 10.158 adolescentes encuestados, un 10,40 % tenían adicción a Internet. De ellos, los que referían un menor nivel de apoyo social, presentaban un mayor grado de adicción a Internet. En otros países como Turquía, las investigaciones determinan que aquellos estudiantes con patrones de personalidad caracterizados por la dependencia, la timidez, los síntomas depresivos o la baja autoestima, tenían una mayor probabilidad de desarrollar adicción a Internet[11]. Además, existen similitudes en el entorno familiar entre aquellos adolescentes que desarrollan otras adicciones, tales como las adicciones a sustancias, con los que desarrollan adicción a Internet.

Otras consecuencias negativas también observadas son el bajo rendimiento escolar y una peor calidad del sueño. Muy frecuentemente se asocia a mayores niveles de depresión, lo que se observa en menores de diferentes edades[19], siendo este nivel de síntomas depresivos también un factor de riesgo que incrementa la posibilidad de desarrollar una adicción a Internet. Ello unido a la presencia de ansiedad social, baja autoestima, baja eficacia y alta vulnerabilidad al estrés, se relaciona con alteraciones cerebrales, sobre todo en el córtex prefrontal[20].

Sin embargo, la mayoría de estos estudios se centran en adultos, por lo que los resultados en menores deben ser tomados con cautela, considerando diferencias por ejemplo de género, edades o estratos sociales, a la luz de los resultados publicados por la Fundación Fad Juventud que afirman que «las condiciones sociales y económicas determinan importantes diferencias en los usos tecnológicos de la juventud»[8].

ACTIVIDAD PARA PENSAR

1. ¿Has observado últimamente cuánto, cómo, dónde y para qué accede tu hijo a las pantallas?

2. ¿Las emplea mientras realiza los deberes escolares, mientras come o en su dormitorio, a solas, o en horas de descanso?
3. ¿Conoces los principales videojuegos a los que juegan tus hijos adolescentes?
4. ¿Sabes si sus amigos también están conectados al mismo video-juego o qué otros tipos de juegos consumen?
5. ¿Has anotado alguna vez cuánto tiempo dedican a jugar a ellos y cómo se sienten cuando tienen que dejarlos para, por ejemplo, cenar o hacer las tareas escolares?
6. ¿Has percibido si alguno de tus hijos sigue o ha seguido algún reto viral de los que circulan por Internet? ¿Cuál y por qué lo hizo?
7. ¿Sabes si hay algún *influencer* favorito para los menores de la casa? ¿De qué suele hablar o qué productos suele promocionar en la red?

2. ¿POR QUÉ «ENGANCHAN» LAS REDES SOCIALES A NUESTROS HIJOS?

Irene Rodríguez

¿QUÉ SON LAS REDES SOCIALES?

Hoy en día es habitual que los niños y jóvenes posean teléfonos móviles, al igual que tabletas, desde muy temprana edad. El uso de estos dispositivos en menores ha aumentado de forma considerable en los últimos años[21-23], lo cual ha provocado un aumento en el uso de redes sociales, que también han crecido en popularidad[24-25] y variedad, hasta estar en la actualidad vastamente extendidas no solo entre los jóvenes[26], sino en todas las franjas de edad. Han transformado la forma en la que nos comunicamos y socializamos, convirtiéndose en una herramienta poderosa tanto para el entretenimiento como para el ámbito profesional y educativo.

Estas plataformas han evolucionado desde sus inicios a finales de los 90 y principios de los 2000, cuando eran principalmente espacios para la interacción entre personas con intereses comunes[27]. Actualmente, algunas de las principales plataformas que se encuentran dentro del paraguas de las redes sociales son Instagram, Facebook, YouTube, WhatsApp, TikTok, Twitter (recientemente renombrado como X), LinkedIn, Spotify, Pinterest, Reddit, Telegram, Snapchat, Twitch o BeReal, donde los usuarios pueden interactuar no solo con amigos y familiares, sino también con desconocidos, organizaciones, celebridades e *influencers*[27].

¿CUÁNDO SE CONVIERTEN EN ADICTIVAS?

La adolescencia es una etapa caracterizada por cambios físicos y psicosociales en la que la relación con sus amigos o iguales alcanza una importancia crucial para nuestros hijos[28]. Los adolescentes se encuentran en constante búsqueda y desarrollo de su identidad y autoestima[29], muy influidas por su entorno social, y encuentran en las redes sociales una vía para potenciar ambas[21]. Las redes sociales ofrecen un espacio donde los adolescentes pueden expresarse, relacionarse, obtener información y entretenerse; a la misma vez que les permiten desarrollar su identidad personal y obtener el reconocimiento de su entorno, lo que resulta fundamental en esta etapa de sus vidas[23, 30-32].

En cuanto a las actividades más comunes, los jóvenes suelen utilizar las redes para hablar con amigos y familiares, ver vídeos y escuchar música[33]. Las chicas tienden a preferir plataformas visuales como Instagram y TikTok[23], mientras que los chicos suelen inclinarse más por aplicaciones como YouTube y Twitch[34-38], enfocadas en el entretenimiento y los juegos.

La dimensión real del uso de las redes sociales

En España[39], hay aproximadamente 40,7 millones de usuarios de redes sociales, lo que equivale al 85,6% de la población. La edad promedio en la que los jóvenes comienzan a utilizar estas plataformas es entre los 11 y 12 años, aunque algunos inician su actividad incluso antes[21, 34]. Su uso se incrementa con la edad, es decir, una mayor proporción de adolescentes de entre 15 y 16 años utilizan las redes sociales más que aquellos de 13 y 14 años[33]. Entre los adolescentes, una gran mayoría (93,5%) se ha registrado en alguna red social, y más de la mitad (51,7%) tienen cuentas en más de tres[34], lo que indica que es habitual en un adolescente tener múltiples perfiles sociales[21]. Las plataformas más populares entre los menores son YouTube, TikTok, Instagram y WhatsApp[25]. El tiempo medio de uso diario de las aplicaciones de redes sociales por parte de los menores (incluyendo YouTube y WhatsApp) es de 4 horas y 49 minutos diarios[25], un resultado realmente alarmante. De este tiempo, más de hora y media (96 minutos) la dedican a TikTok, prácticamente otra hora (56 minutos) a Instagram, 45 minutos a YouTube y 32 minutos a WhatsApp[25].

En un estudio llevado a cabo en alumnos de Educación Secundaria Obligatoria (ESO) de la Comunidad de Madrid en el 2020[21], casi 3 de cada 4 adolescentes encuestados usaban las redes sociales diariamente, de los cuales el 28,8% accedía a ellas continuamente, y el 24,5% varias veces al día. Más de la mitad de los participantes (51,6%) admitió que las redes sociales les hacía perder mucho tiempo, opinión que se acrecentaba con la edad[21]. Sin embargo, la mayoría no creía que estas los aislaran de la vida real, puesto que sentían que les permitían expresar sus opiniones libremente, e incluso socializar más con sus amigos[21]. Frente a ello, casi 3 de cada 10 adolescentes (27,5%) se sentían presionados por mantenerse activos y contestar los mensajes con brevedad de tiempo, y un 23,1% había experimentado con frecuencia malentendidos en estas plataformas, lo que les había supuesto la pérdida de alguna amistad[21].

A nivel internacional, se estima que el 59,4% de la población está registrada en alguna red social. Los menores de entre 13 y 19 años representan el 12% del total de usuarios. De media, se calcula que cada usuario (de entre 16 y 64 años) pasa 2 horas y 31 minutos al día conectado a las redes sociales (frente a un total de más de 6 horas y media diarias de uso de Internet). Los jóvenes (de 16 a 24 años) son quienes más tiempo las usan, con una media de 3 horas y 11 minutos las mujeres, y 2 horas y 46 minutos los hombres. El uso de estas plataformas ha crecido un 176% en la última década, y el tiempo promedio diario de uso es de 2 horas y 31 minutos. Las principales razones por las que las personas (de entre 16 y 64 años) utilizan las redes sociales son las mismas que a nivel nacional: mantener el contacto con amistades y familiares (47,1%), ocupar el tiempo libre (36,2%) y leer historias de noticias (34,2%).

¿POR QUÉ ENTRAÑAN RIESGOS PARA NUESTROS HIJOS?

A pesar de sus beneficios, las redes sociales pueden acarrear varios problemas si no se utilizan adecuadamente, especialmente entre los jóvenes que suelen aprender a navegar por ellas por ensayo y error (sin pautas ni supervisión)[37]. Algunos de los principales riesgos incluyen verse expuesto a información o noticias falsas, a contenido inapropiado (como violencia, pornografía o drogas), experimentar ciberacoso o *grooming online,* riesgos en la privacidad e intimidad, adicción a las redes sociales, afectación en el sueño, disminución de la autoestima, insatisfacción con su aspecto físico y problemas de salud mental. A continuación, detallamos por subapartados los puntos más destacables.

Ciberacoso: este tipo de acoso puede manifestarse a través de mensajes amenazantes o dañinos, generando angustia y miedo en los jóvenes[40]. El ciberacoso puede llevar a trastornos depresivos, ideación suicida[41] y trastornos de la conducta alimentaria, ansiedad, baja autoestima o problemas de sueño, entre otros[42-43].

Grooming online y sexting: los adultos pueden intentar establecer relaciones inapropiadas con menores[40], y los jóvenes pueden intercambiar contenido sexual explícito[44]. Estos dos aspectos serán abordados en profundidad en el capítulo 5 de esta obra.

Adicción a las redes sociales: el uso excesivo puede interferir con el sueño, la autoestima y la salud mental en general.

La adicción a las redes sociales, también llamada «uso problemático de las redes sociales», se define como el uso desadaptativo de las redes sociales que se caracteriza por síntomas similares a la adicción[45]. Esto significa que un adolescente con adicción a las redes sociales está demasiado preocupado por ellas, pasando mucho tiempo y gastando mucha energía en las mismas, hasta el punto de que sus actividades sociales y de ocio, sus relaciones interpersonales, sus estudios (rendimiento académico) e incluso su salud (física y psicológica) se resienten[45].

Por otro lado, la adicción a las redes sociales —o un uso excesivo de ellas— está muy relacionada con el síndrome FOMO (de sus siglas en inglés *Fear of Missing Out*), que consiste en sentirse constantemente inquieto ante el miedo de estar perdiéndose algo en la propia esfera social —como que los demás estén viviendo experiencias interesantes y socialmente deseables— cuando no se está conectado a la red, por lo que la persona siente el deseo o necesidad de estar continuamente conectado *(online)* con lo que los otros estén haciendo[46-47]. Tener FOMO se relaciona con pasar un mayor tiempo conectado en las redes sociales, y también a tener un estado de ánimo bajo[46] y sentimientos de insatisfacción vital[47-48].

El FOMO puede estar causado por la importancia del uso y la popularidad en las redes sociales con objeto de mantener las amistades, asumiendo la importancia que tienen las relaciones con los iguales durante la adolescencia. Los adolescentes, especialmente aquellos con FOMO, suelen asumir el nivel de popularidad de una persona por el número de *likes* y comentarios que tiene en las publicaciones de sus redes sociales y su número de seguidores. Experimentar exclusión o comentarios negativos en línea puede ser angustiante para estos adolescentes, causándoles malestar emocional y una baja autoestima. De manera que el miedo a no recibir comentarios positivos, o a recibir reacciones negativas, puede impulsar el uso compulsivo de las redes sociales en un intento de satisfacer su necesidad de conexión y de tener una imagen positiva en las redes, lo que puede conducir a síntomas de adicción a las mismas[46].

Los adolescentes que pasan un tiempo excesivo en las redes sociales tienen más probabilidad de sufrir problemas de salud mental[49-50], destacando una mayor prevalencia de síntomas depresivos[51-52] e ideación suicida, especialmente en chicas[53-54]. En cambio, los adolescentes que pasan más tiempo en actividades sin pantallas (como socializar en persona, hacer deporte o ejercicio[55-56], hacer los deberes del colegio o dormir más) tienen una menor probabilidad de sufrir problemas de salud mental[54]. En este sentido, un investigador hizo un experimento en el que pidió a un grupo de personas dejar de utilizar Facebook por una semana, y comprobó que aumentaron sus niveles de satisfacción vital y sus emociones fueron más positivas que aquellos que no dejaron de utilizar esta red social[57].

Es bien sabido que dormir lo suficiente y con un sueño de calidad es muy importante para la salud general de los niños y adolescentes, incluido su desarrollo emocional y cognitivo[58]. Haber dormido poco o mal puede causar en los adolescentes un deterioro en su funcionamiento al día siguiente, afectando a su estado de ánimo, su rendimiento académico[59] y su salud mental[60]. Además, los problemas de sueño pueden conllevar síntomas depresivos, e incluso el desarrollo de un trastorno depresivo mayor en adolescentes[61-62].

En general, los menores que usan pantallas antes de irse a dormir, lo cual influye en el uso de las redes sociales, tienen problemas para quedarse o permanecer dormidos durante la noche[63]. Su uso puede provocar retrasos en la hora de acostarse, una insuficiente duración y una mala calidad del sueño, un despertar temprano y cansancio durante el día[64]. La afectación de las pantallas en el sueño es debida a diferentes motivos: por un lado, su uso por la noche puede distraer a los niños y adolescentes, retrasando así la hora en la que se van a dormir; por otro, les puede excitar (a nivel fisiológico y cognitivo) y alterar el sueño[65]. Por último, las pantallas emiten un tipo de luz (llamada luz azul) que retrasa la secreción de la melatonina[64], una hormona que se encarga, entre otras cosas, de regular nuestro ciclo circadiano y, por tanto, de hacernos sentir somnolencia por la noche[63], generando que el sueño se retrase y sea menos reparador.

¿CÓMO ABORDAR SU USO? CLAVES PRÁCTICAS EN CASA	
Acompañando a nuestros hijos adolescentes en su uso de las redes sociales:	☼ Asumimos la normativa jurídica al respecto. Los menores no pueden ceder sus datos personales, que es condición indispensable para crearse un perfil social. Hay proyectos de normativa relacionada que prevén retrasar todavía más este acceso y que pueden consultarse en el capítulo 13.
	☼ Los niños y adolescentes no deben aprender a navegar por las redes sociales solos, mediante ensayo y error, sin supervisión y acompañamiento de sus padres y profesores, que serán quienes puedan enseñarles a identificar los innumerables riesgos que ello puede comportar.
	☼ Fomentamos una buena relación padres-hijos, con un apego seguro; ello disminuye el riesgo de que los hijos desarrollen adicción a las redes sociales.
	☼ Establecemos normas de acceso a redes sociales en casa, siguiendo las recomendaciones de los sanitarios y agentes sociales cualificados. Los adolescentes que pasan un tiempo excesivo en las redes sociales tienen más probabilidad de sufrir problemas de salud mental, destacando una mayor prevalencia de síntomas depresivos e ideación suicida, especialmente en chicas.
	☼ Evitamos las pantallas en las habitaciones a la hora de dormir y en las comidas a la hora de compartir un tiempo de calidad en familia. El uso de dispositivos móviles por la noche puede distraer a los niños, dado que las pantallas emiten un tipo de luz que retrasa la secreción de la melatonina, la hormona encargada de regular nuestro ciclo circadiano.

¿PARA QUÉ ES PRECISO QUE LOS PROGENITORES SEPAMOS QUÉ PELIGROS TIENEN LAS REDES SOCIALES PARA NUESTROS HIJOS?

Se ha comprobado que nuestra relación con nuestros hijos cuando son adolescentes juega un papel importante en el posible desarrollo de una adicción a redes sociales[66-67]. Tener una buena relación padres-hijos, con un apego seguro entre ellos, disminuye el riesgo de que los menores desarrollen adicción a las redes[66, 68-69]. Ese apego aparece cuando existe una buena vinculación afectiva entre nosotros (los padres) y nuestros hijos, de forma que solemos atender a sus distintas necesidades de forma respetuosa y cariñosa, lo que les permite tener una buena autoestima, confianza y autonomía. Poseer una buena relación con sus profesores también reduce el riesgo de que la puedan llegar a sufrir[66].

Otras variables que pudieran influir en el desarrollo de la adicción a las redes sociales son, por ejemplo, tener una personalidad introvertida[70], una baja autoestima[71], un reducido nivel de autocontrol[67] o de habilidades sociales[72], sufrir victimización entre compañeros en situaciones cara a cara (es decir, ser víctimas del comportamiento agresivo de otros niños, de acoso escolar u otras formas similares)[73] o padecer estrés[68] o depresión[63].

Las redes sociales son una parte integral de la vida moderna, especialmente para nuestros hijos. Proveen un espacio para la socialización y el desarrollo personal, pero también conllevan riesgos que debemos manejar con cuidado. Como padres, es fundamental que estemos informados y seamos proactivos en la supervisión del uso de las redes sociales por parte de los menores. Debemos enseñarles a identificar y manejar los riesgos, y fomentar un uso equilibrado y responsable de estas plataformas. Nuestro rol es guiar y educar a nuestros hijos para que puedan beneficiarse de las oportunidades que ofrecen las redes sociales sin caer en sus trampas.

ACTIVIDAD PARA PENSAR

1. ¿Conoces los perfiles que tienen en redes sociales tus hijos?
2. ¿Qué tipo de contenido suelen compartir?
3. ¿En cuántos grupos están incluidos y qué tipo de información se difunde en ellos?
4. ¿Sabes si alguna vez han visionado contenido inapropiado (de odio o pornográfico), aunque fuese de forma involuntaria (por ejemplo, alguien lo ha compartido por WhatsApp)?
5. ¿Has hablado con ellos alguna vez de qué deben hacer si alguien les pasa este tipo de contenido y las consecuencias legales (y morales) de que ellos mismos lo hagan circular en redes?
6. ¿Has comentado con tus hijos lo que implica la inteligencia artificial y que, gracias a ella, las compañías tecnológicas saben cuáles son las preferencias de búsqueda en redes sociales, y que, por ello nos «bombardean» con información similar todo el rato? ¿Saben que mediante esta herramienta alguien puede poner su cara

a un cuerpo distinto, en situaciones a veces comprometedoras, con gran realismo?

7. ¿Saben tus hijos identificar *fake news* provenientes de redes sociales?

8. ¿Has comentado con ellos alguna vez la importancia de identificar lo «real y veraz» de lo que no es creíble en redes, sobre todo con la potencialidad que la inteligencia artificial está alcanzando?

3. NUNCA SE CANSAN DE SUS VIDEOJUEGOS

María González

¿QUÉ ES UN VIDEOJUEGO?

Hoy en día, vivimos en un mundo donde las nuevas tecnologías han cambiado la forma en que nuestros hijos interactúan y se divierten. El mundo de los videojuegos se ha convertido en una de sus principales fuentes de entretenimiento. Desde sus inicios ha avanzado mucho, y ahora les ofrece experiencias interactivas y emocionantes que atraen a niños y adolescentes por igual. Los videojuegos pueden ser una forma de entretenimiento y diversión, de expresión y creatividad, y muchos de ellos incluso pueden tener beneficios educativos al ayudar en el desarrollo de habilidades cognitivas y sociales.

Sin embargo, y como cualquier forma de entretenimiento, el uso excesivo y descontrolado de los videojuegos puede tener consecuencias negativas en la vida de nuestros hijos. La adicción a los videojuegos puede afectar a su rendimiento académico, su vida social, su salud física y emocional, y puede llevarlos a descuidar otras actividades importantes. Al conjunto de estos rasgos se le llama «trastorno de juego por Internet» (IGD o *Internet Gaming Disorder*) o, más comúnmente, adicción a los videojuegos[1, 2].

Como padres, es importante que comprendamos este problema y tomemos medidas para prevenirlo o abordarlo de manera efectiva. En este capítulo exploraremos qué es la adicción a los videojuegos, cómo detectarla y qué acciones podemos tomar para ayudar a nuestros hijos.

¿Cuándo pasaron los juegos infantiles a ser sustituidos por los videojuegos violentos?

Al igual que sucedió en otros momentos de la historia en los que aparecieron tecnologías de comunicación que hoy llamamos «tradicionales», como el telégrafo, el teléfono, la radio o la televisión; la aparición de las «tecnologías de la información y la comunicación» (TIC) en la década de los 70 trajo consigo una revolución social y cultural, en este caso la revolución digital de los años 90. Desde los inicios del siglo XXI, estas TIC progresaron exponencialmente incluyendo los procesos y productos derivados de «nuevas» herramientas informáticas —*software* y *gadgets*—. Estas «nuevas» funcionalidades de Internet —páginas web, correo electrónico, redes sociales, juegos, chats, etc.— desarrollaron sus características más distintivas: interactividad, instantaneidad, alta calidad de imagen y sonido, diversidad de contenidos, interconexión o digitalización de los procesos[74].

Estos desarrollos se han visto además acompañados en los últimos 15 años por el uso generalizado de la telefonía móvil y los diferentes dispositivos de redes móviles, así como por su interconectividad. Cada vez usamos más nuestros dispositivos móviles para acceder a Internet, consultar nuestro correo electrónico, navegar por sitios web, utilizar aplicaciones de redes sociales, realizar compras en línea, jugar a videojuegos, ver contenido multimedia o realizar tareas cotidianas como pedir una cita médica. Así, hoy en día, la sociedad trabaja, aprende, desarrolla su ocio y su vida doméstica en torno a estas TIC y sus aplicaciones. En especial los más jóvenes, nuestros niños y adolescentes, que han nacido ya en este mundo digital.

En este contexto, los videojuegos aparecen como una de las herramientas más potentes. Ideados como un instrumento lúdico para uno o más jugadores, su principal atractivo es el requerimiento interactivo que tiene todo juego. En este caso, la interacción se hace con una pantalla —no importa el soporte de esta: televisión, ordenador, consola, teléfono, etc.— que, a través de los mandos o controles, permite «entrar» en el juego y simular experiencias de distinta temática.

Los videojuegos abarcan una amplia gama de temas y géneros, ofreciendo experiencias y narrativas diversas: acción, aventura, rol, estrategia o deportes, entre otros; y han demostrado tener el potencial de ser utilizados también como herramientas educativas y de desarrollo personal. El aprendizaje interactivo, el desarrollo de habilidades cognitivas y sociales, las habilidades motoras, la creatividad o la resolución de problemas son algunos de los aspectos reconocidos hoy en día que aportan muchos de estos videojuegos.

La experiencia simulada

Quizá una de las razones de su éxito sea esta «experiencia simulada» que brindan, y que es, de hecho, la continuidad en el universo de las TIC de una herramienta convencional y ya contrastada en el ocio de los humanos desde antiguo: la experiencia narrativa.

A los seres humanos nos gusta la narración, nos gusta contar historias y participar en ellas. La literatura, el cine o los cuentacuentos, todas estas formas de narración tradicional reflejan el atractivo y la facilidad que tenemos de evadirnos integrándonos en mundos imaginarios[75].

Los videojuegos solo son una forma más de expresión y creatividad en este sentido, con la peculiaridad de que en ellos la participación se hace activa y va más allá de la simple recreación imaginativa a partir de la palabra o la imagen. Cuando jugamos, la temática nos absorbe y no nos preocupamos de la tecnología, como tampoco lo hacemos cuando vemos una película o leemos un libro.

Los videojuegos a menudo presentan historias y personajes complejos que pueden generar conexiones emocionales con los jugadores. Estas experiencias pueden promover su desarrollo personal al explorar temas como la empatía, la toma de decisiones éticas y la superación de desafíos emocionales[76]. Estos desafíos, junto a la fantasía y la curiosidad, son los elementos principales del videojuego.

Podemos entender entonces con facilidad por qué las ventas de videojuegos y las horas de juego se han disparado desde su introducción en nuestros hogares en la década de 1970, y que, como industria, los videojuegos sean más rentables que otras formas de ocio como las películas y los deportes tradicionales[77].

¿CÓMO ABORDAR UN USO SALUDABLE? CLAVES PRÁCTICAS EN CASA	
Cómo acompañar a nuestros hijos en la adecuada selección y uso de los videojuegos:	☼ El objetivo no es prohibir completamente los videojuegos en general (salvo casos excepcionales en que promuevan claramente conductas violentas o autolesivas para los menores), sino enseñar a nuestros hijos cómo disfrutarlos de manera responsable, equilibrada y seleccionándolos según la edad del usuario.
	☼ Debemos informar a nuestros hijos sobre los riesgos asociados al uso excesivo de videojuegos.
	☼ Hablar claramente sobre cómo la adicción puede afectar a su salud física, mental, relaciones y rendimiento académico.

	¿CÓMO ABORDAR UN USO SALUDABLE? CLAVES PRÁCTICAS EN CASA
	☼ Promover su autorregulación, fomentando la reflexión y el autocuidado.
	☼ **Encontrar ese equilibrio negociado** entre el entretenimiento digital y otras actividades importantes en la vida de nuestros hijos.
	☼ **Estar atentos y proporcionar un entorno de apoyo,** ayudando a nuestros niños y adolescentes a disfrutar de los videojuegos de manera saludable y responsable.
	☼ **Compartir momentos de juego en familia,** para estar seguros de una correcta supervisión del tiempo, forma de jugar y contenido dispensado por los videojuegos.
	☼ Observando la forma de jugar de nuestros hijos podemos obtener claves certeras del grado de abuso o adicción (recordemos que el juego se convierte en una «necesidad» y no solo en un divertimento).

¿POR QUÉ ES IMPORTANTE CONOCER CUÁL ES LA DIMENSIÓN REAL DE SU EMPLEO POR LOS MENORES?

Para poder establecer patrones de uso razonables en nuestros hijos, así como para poder explicarles sus ventajas y desventajas, incluyendo por supuesto el riesgo claro de adicción si se presenta un uso abusivo de este tipo de tecnología.

En este sentido, la Asociación Española de Videojuegos[78] muestra en su informe de 2022 que el sector había facturado en torno a los 2.010 millones de euros, lo que supone un 12% de incremento respecto al 2021. Esto se traduce en que somos más de 18 millones de personas las que jugamos a videojuegos en España de manera regular, lo que convierte **a los videojuegos en la primera opción de ocio audiovisual y cultural en nuestro país.**

Parece que son las tramas de acción, rol y deporte las que más atraen a los *gamers**[1] españoles. Aunque la temática pudiera hacer pensar en un entorno exclusivamente masculino, se observa sin embar-

---

[1] Anglicismo utilizado para nombrar a las personas que juegan a videojuegos de forma apasionada.

go que nuestras hijas también juegan, y que han aumentado su presencia hasta alcanzar el 48%.

El empleo de este tipo de entretenimientos entre niños y adolescentes es sin duda un punto clave a revisar. Según el informe *El impacto de la tecnología en la adolescencia* de Unicef España[79], elaborado con la participación de más de 50.000 adolescentes de entre 11 y 18 años de 265 centros educativos de España, el 58,7% juega habitualmente a videojuegos; y es más, el 26,5% lo hace a diario. Y un dato preocupante: el 54,7% que juega habitualmente lo hace con videojuegos designados como no adecuados para menores de 18 años por la *Pan European Game Information* (PEGI)[2].

Cuando hablamos de «trastorno de juego por Internet» uno de los parámetros más importantes a la hora de definir el abuso de estos juegos es el tiempo dedicado a ello. Así que parece importante conocer los datos sobre cuánto tiempo dedica el español medio a jugar a videojuegos. En los resultados presentados por AEVI[78] se señala que esta «nueva» forma de ocio ocupa de media 7,42 horas a la semana, ligeramente por debajo de países de nuestro entorno como Alemania, Francia o Inglaterra, e igual que Italia. Por otro lado, el portal estadístico internacional *Statista* recoge entre los datos de 2023[80] que un 17% de los encuestados afirman jugar más de 10 horas a la semana, cerca de los valores promedio de países como China o Estados Unidos, donde es mucho más frecuente que se pierda la noción del tiempo cuando se está jugando[81]. En 2021, el Gobierno chino anunció la limitación a 3 horas a la semana el tiempo dedicado a los videojuegos entre los menores de edad, límite que en agosto de 2023 se ha acortado de manera que se recomienda que no pase de 2 horas por semana.

Y ¿qué hábitos tienen nuestros hijos en relación con el tiempo de juego? Los resultados de la encuesta ESTUDES realizada a estudiantes de 14 a 18 años por el Observatorio Español de las Drogas y las Adicciones y presentada en el informe *Trastornos comportamentales 2022* del Ministerio de Sanidad[82] muestran que 5 de cada 10 estudiantes habrían jugado semanalmente a videojuegos en los 12 meses anteriores a la encuesta. De este grupo, al menos un 30,7% lo habían hecho entre 5 y 7 veces por semana, es decir, prácticamente a diario. A favor, la mayoría —un 47,3%— dedicaban menos de 2 horas al día, y solo un 8,2% de entre todos los estudiantes habían jugado más de 5 horas diarias.

---

[2] *Pan European Game Information* o PEGI es un sistema de clasificación europeo del contenido de los videojuegos y otro tipo de *software* de entretenimiento.

La mayor frecuencia de uso de videojuegos se presenta en el grupo de estudiantes de 14 años y, como dato alentador, se reduce según aumenta la edad de los estudiantes. Esto se confirma con los datos de *Statista*[80] cuyo informe nos habla de que no son los adolescentes, sino el grupo de entre 6 y 14 años el que hace un mayor uso del juego, con un porcentaje del 81,5%. Sin embargo, entendemos que este grupo tiene también un mayor control parental, por lo que hay más probabilidad de que sigan las recientes recomendaciones de organizaciones como la Asociación Española de Pediatría (AEP) de restringir el tiempo de pantallas a menos de 1 hora al día entre los 7 y los 12 años de edad, así como a menos de 2 horas diarias entre los 13 y 16 años[83-84].

¿PARA QUÉ ES PRECISO QUE LOS PROGENITORES SEPAMOS CÓMO MANEJAR LOS VIDEOJUEGOS EN CASA?

Para prevenir el desarrollo de un patrón adictivo al mismo en nuestros hijos. Al igual que con otras adicciones, la adicción a los videojuegos puede causar significativos problemas emocionales, sociales y físicos.

Desde que la Organización Mundial de la Salud[2] incluyó la adicción a los videojuegos en su apartado de desórdenes mentales en la 11.ª edición de la Clasificación Internacional de Enfermedades (CIE-11), conocemos a los trastornos asociados al abuso de los videojuegos como «trastorno de juego por Internet» o IGD *(Internet Gaming Disorder)*, cuyos criterios diagnósticos hemos descrito en el capítulo 1.

Cada vez más estudios subrayan que a la hora de desarrollar esta sintomatología, hay una diferencia e impacto específico de los videojuegos *online* frente a los tradicionales juegos fuera de línea *(offline)*, ya que los juegos *online* integran el juego dentro de un contexto social, una comunidad de jugadores, que favorece una mayor frecuencia y duración del juego[85]. Esto es más relevante en los niños y adolescentes, especialmente sensibles en su necesidad de identidad personal, autoeficacia y pertenencia a un grupo.

Los videojuegos permiten al adolescente entrar en otro mundo, donde evaden la realidad y su ego se ve reforzado. No pueden dejar de jugar porque «todo su mundo» juega, y dejar de jugar les autoexcluye y les hace perder lo conseguido virtualmente. Hay un temor a perder esa identidad social que han creado y en la que se encuentran reconocidos[86]. Por otro lado, la propia dinámica de los juegos favorece la búsqueda de aislamiento e intimidad —juegan en su dormitorio, en el baño, solos en el parque, etc.— propia de ese momento vital.

Algunos autores[86] hablan de la aparición de un estado de angustia relacionada con el miedo a no estar, de no participar, en ese mundo *online*. En los jugadores adolescentes, estos sentimientos se ven reforzados por la sensación de «recompensa» a corto plazo[85].

Para el desarrollo de una buena y bien dirigida prevención de estos problemas, tenemos que entender que el jugador de videojuego no busca un premio o beneficio externo, sino un placer intrínseco. Esta dependencia no es diferente a otras adicciones conductuales vinculadas a procesos psicológicos motivacionales y/o afectivos.

En este sentido, diferentes autores nos hablan de la existencia de factores de riesgo que pueden favorecer su aparición como son la ansiedad y la depresión. En los estados ansiosos, los adolescentes aprenden a buscar conductas —en este caso con los videojuegos— que disminuyan esta sensación, y entran en un bucle de retroalimentación que se traduce en más tiempo de exposición al juego y más posibilidades de trastornos por abuso.

La adicción a los videojuegos es un problema real que puede afectar negativamente a la vida de los niños y adolescentes. Como padres, es fundamental estar atentos a las señales de advertencia y tomar medidas para prevenir o abordar un posible uso abusivo del juego, promoviendo un uso saludable y equilibrado de la tecnología en la vida de nuestros hijos.

Pero también la educación y concienciación son esenciales en la prevención del problema. Debemos informar desde niños sobre los riesgos asociados con el uso excesivo de los videojuegos. Hablar claramente sobre cómo la adicción puede afectar a su salud física, mental, relaciones y rendimiento académico. Y promover su autorregulación, fomentando la reflexión y el autocuidado.

La clave está en encontrar ese equilibrio entre el entretenimiento digital y otras actividades importantes en la vida de nuestros hijos. Al estar atentos y proporcionar un entorno de apoyo, podemos ayudar a nuestros niños y adolescentes a disfrutar de los videojuegos de manera saludable y responsable.

ACTIVIDAD PARA PENSAR

1. ¿Conoces los videojuegos a los que usualmente juegan tus hijos en casa?

2. ¿Cuál/es son las estrategias que se entrenan o desarrollan en esos videojuegos (estrategia, audacia y trabajo en equipo, o violencia, destrucción y juego sucio con los demás jugadores, por ejemplo)?

3. ¿Sabes si hay más jugadores conectados al mismo tiempo, cuántos hay, desde cuánto tiempo se conocen y hasta qué punto se conocen (información que se facilita en los perfiles de los jugadores)?

4. ¿Quiénes son los amigos virtuales de nuestros hijos? ¿Han tratado de conectar con ellos también fuera del videojuego; por ejemplo, si solo hablan jugando o si ya han conectado fuera del videojuego a través de redes sociales como WhatsApp?

5. De haber tratado de conectar fuera del videojuego con tus hijos, ¿podrías sospechar que alguno de estos jugadores, que se autodenominan menores en sus perfiles, pudiera ser realmente un adulto tratando de acercarse a niños o adolescentes de forma lúdica?

6. ¿Recibe tu hijo avisos o alarmas cuando se conectan otros jugadores en concreto? ¿Qué efectos tienen esos avisos en su comportamiento?

7. ¿Tienen esos videojuegos sistema de recompensa aleatoria (similares a las antiguas «tragaperras» que enganchaban a los jugadores porque el premio era aleatorio)?

8. ¿Han gastado tus hijos importantes cantidades de dinero en los videojuegos para progresar o mejorar las condiciones del mismo?

9. ¿Ha dejado de lado otras actividades que antes le resultaban agradables, tales como practicar algún deporte o salir con sus amigos, por estar conectado al videojuego?

10. ¿Sabes si tus hijos juegan a videojuegos en horas de descanso (en la soledad de su habitación) y ello les está evitando descansar adecuadamente, así como descuidar su aseo personal u otras obligaciones relevantes?

11. ¿Se conectan en horas en que deben realizar las actividades escolares?

12. ¿Tienen esos videojuegos contenido violento o inadecuado para la edad de tus hijos?

13. ¿Has notado que tus hijos tienen más comportamientos violentos, o un lenguaje inadecuado para su edad, desde que juegan a este tipo de videojuegos?

14. ¿Has observado si cuando tu hijo o hija no puede jugar se vuelve más irritable, irascible y su comportamiento cambia radicalmente cuando ya sí puede volver a conectarse al videojuego?

15. ¿Acuden tus hijos adolescentes a los videojuegos como forma de evasión de discusiones, malos días en el colegio, u otro tipo de problemas?

4. ¡NO SIN MI MÓVIL!

Paula Andrade y Rocío Poyatos

¿QUÉ SE CONSIDERA UNA CONDUCTA ADICTIVA AL TELÉFONO MÓVIL?

Los teléfonos móviles son ahora una herramienta común entre los jóvenes. Principalmente los usan para comunicarse con sus amigos, familia y otras personas fuera del entorno familiar[87]. Esta tendencia se ha acentuado aún más tras la pandemia de la COVID-19, cuando incluso los niños menores de 16 años comenzaron a utilizar estos dispositivos de forma más habitual[88]. Este incremento en el uso ha suscitado preocupaciones sobre cómo los móviles pueden afectar a la salud de los menores de diversas formas[89].

Este acceso a los teléfonos móviles se produce a edades cada vez más tempranas[90], y se ha observado que un uso excesivo puede estar asociado con varios problemas[91], incluyendo la dependencia[92]. El empleo excesivo o adictivo de los teléfonos inteligentes se enmarca dentro del resto de adicciones digitales, tal y como se ha explicado en el capítulo 1.

¿CUÁNDO PASA?

El uso problemático del móvil en menores puede ocurrir con mayor probabilidad en función de los siguientes factores:

⇨ **Edad y género:** los adolescentes tienden a usar más los móviles[93] debido a su necesidad de socialización y exploración. Las niñas[94], en particular, utilizan los móviles para mantener y fortalecer relaciones sociales, lo que puede llevar a un uso excesivo. Por otro lado, los niños tienden a desarrollar más frecuentemente el «trastorno de juego por Internet»[94].

⇨ **Problemas de comportamiento:** la impulsividad, la baja autoestima y la falta de control de impulsos se asocian con un uso problemático del móvil[95-96]. Los adolescentes con trastorno por déficit de atención e hiperactividad de tipo inatento (TDAH/I) también están en mayor riesgo[94].

53

⇨ **Entorno social y familiar:** la falta de supervisión parental y la presión de los iguales pueden contribuir al uso excesivo del móvil. La supervisión familiar es crucial para prevenir comportamientos problemáticos[97].

⇨ **Situación económica:** los adolescentes de familias con bajos recursos económicos tienden a usar más el móvil de forma más indiscriminada[98]. Además, las familias con bajos recursos económicos pueden tener problemas para supervisar y controlar el uso excesivo del móvil por parte de sus hijos, debido a sus largas jornadas laborales. Esta misma escasez de recursos puede llevar a que los adolescentes participen menos en actividades extracurriculares o de ocio, lo que a su vez contribuye a que dependan más de sus teléfonos móviles[98] para ocupar su tiempo.

Según distintos autores que han investigado sobre el tema, el 66% de las personas que usan teléfonos móviles experimentan ansiedad y pánico cuando están sin su teléfono. Este fenómeno es más común entre los jóvenes[98] y puede causar problemas[99] como puede ser la «nomofobia» o miedo irracional a no tener acceso al teléfono móvil o a una conexión a Internet a través del móvil[100]. También se muestra con otras afectaciones sociales, físicas y emocionales[101] que, en conjunto, indican una gran dependencia de los teléfonos inteligentes o *smartphones*[100].

Desde que se empezaron a estudiar las nuevas tecnologías, pronto se notó que estas podrían causar adicción. Concretamente, una forma de adicción relacionada con el comportamiento[102] con características como la pérdida de control, la dependencia, la necesidad de dedicar más tiempo al teléfono y el impacto negativo en la vida cotidiana[103].

¿CUÁNTO SE USAN LOS *SMARTPHONES*?

En España, el uso de teléfonos móviles entre los menores es muy elevado. Según datos del Instituto Nacional de Estadística (INE)[26], el 69,5% de los niños de entre 10 y 15 años tienen un móvil. Esta cifra aumenta significativamente con la edad: a los 15 años, casi todos los niños tienen un terminal (94,9%), y se estima que el 96,6% de los adolescentes españoles utilizan un teléfono móvil con acceso a Internet[90]. Además, las niñas

tienden a usar estos dispositivos con más frecuencia que los niños[104]. Para ser específicos, alrededor del 70,7% de las niñas lo utilizan, frente al 68,4% de los niños[26].

Por último, destacamos que un 14,8% de nuestros estudiantes de 12 a 18 años muestran un uso problemático del móvil[105], y un 15% de los estudiantes de 9 a 18 años están en riesgo de tener problemas con este dispositivo[106]. Además, las niñas tienden a tener más adicción al móvil que los niños[94].

A nivel internacional, la situación es similar. En el Reino Unido[107], alrededor del 20% de los niños usan sus teléfonos móviles más de dos horas al día durante los días escolares, cifra que aumenta en un 30% los fines de semana. Además, más del 62% de los menores de 7 a 16 años, que tiene un teléfono móvil, lo usa constantemente y lo considera esencial para su vida[107].

En Estados Unidos, un estudio de 2015[108] mostró que el 38% de los menores de dos años usaban regularmente teléfonos inteligentes y tabletas, y el 75% de los menores de 8 años tenía acceso a dispositivos móviles.

Una empresa[109] que realizó encuestas a niños de entre 9 y 16 años en varios países, incluyendo Bélgica, Dinamarca, Irlanda, Italia, Portugal, Rumanía, Reino Unido y Japón, reveló importantes datos sobre el uso problemático del móvil. Por ejemplo, el 10% de los niños europeos admitieron que no comían ni dormían debido al tiempo que pasaban usando sus móviles, y esta cifra aumentaba al 29% en niños japoneses. Por otro lado, en toda la muestra, el 38% de los menores experimentaban ansiedad y malestar cuando no podían usar sus móviles, con cifras del 53% en Portugal, 46% en Reino Unido y 43% en Japón.

¿CÓMO ABORDAR SU EMPLEO? CLAVES PRÁCTICAS EN CASA	
Detecta un uso abusivo del teléfono móvil con las siguientes señales:	🔭 Cambios en el comportamiento: aislamiento social, mayor irritabilidad, ansiedad, inestabilidad emocional, problemas de sueño, dificultades académicas, descuido de responsabilidades o actividades.
	🔭 Aislamiento social: dejan de interesarse por actividades sociales que antes sí les gustaban, y prefieren en lugar de ellas utilizar el móvil en solitario.
	🔭 Deterioro en el rendimiento académico: peores calificaciones y cumplimiento de tareas escolares.

¿CÓMO ABORDAR SU EMPLEO? CLAVES PRÁCTICAS EN CASA	

- 🔭 Preocupación excesiva por el móvil: necesidad de tenerlo siempre «a mano», e incomodidad si no se está disponible.
- 🔭 Cambios en los patrones de sueño: un mayor cansancio matutino por un descanso menor o menos reparador.
- 🔭 Pérdida de interés en otras actividades.
- 🔭 Dependencia emocional del móvil: uso excesivo, incapacidad para desconectarse, priorización del móvil sobre otras actividades, necesidad de atención y validación en redes sociales.
- ☼ Cuanto mayor sea la presencia y supervisión familiar con relación al uso del teléfono móvil, menor será la probabilidad de que se presente un uso problemático del mismo.
- ☼ La supervisión familiar es, por tanto, fundamental, dado que actúa como un factor protector y puede ayudar a prevenir comportamientos problemáticos asociados con el uso del móvil en los menores.

¿POR QUÉ ES IMPORTANTE QUE LOS PROGENITORES ESTEMOS ATENTOS AL USO QUE NUESTROS HIJOS HACEN DEL MÓVIL?

Para evitar que nuestros hijos tengan las siguientes consecuencias negativas por un uso excesivo del terminal, cuya máxima expresión es el desencadenamiento de un cuadro adictivo:

- 📶 *Salud mental:* la ansiedad, depresión y baja autoestima son comunes entre los menores que usan excesivamente sus móviles. Un fenómeno específico asociado es la «nomofobia», definida como el miedo irracional a no tener acceso al móvil o a una conexión a Internet.
- 📶 *Rendimiento académico:* el uso problemático del móvil está asociado con un peor rendimiento académico debido a la distracción y la falta de concentración.
- 📶 *Relaciones sociales:* los niños pueden aislarse socialmente y tener dificultades para interactuar cara a cara con sus iguales.

¿PARA QUÉ ES PRECISO QUE LOS PROGENITORES CONOZCAMOS LO QUE SE CONSIDERA UN USO ABUSIVO O ADICTIVO DE LOS TELÉFONOS MÓVILES?

Para ayudar a nuestros hijos a usar los *smartphones* de manera saludable, siguiendo las siguientes estrategias:

- ☼ **Establecer límites claros:** definir tiempos específicos para el uso del móvil y asegurarse de que no interfiera con otras actividades importantes como el estudio, el ejercicio y el sueño.
- ☼ **Fomentar actividades alternativas:** animar a los niños a participar en actividades extracurriculares y pasatiempos que no involucren pantallas.
- ☼ **Modelar buenas prácticas:** los padres debemos ser un ejemplo a seguir en el uso del móvil, mostrando un uso responsable y equilibrado del dispositivo.
- ☼ **Mantener una comunicación abierta:** hablar con nuestros hijos sobre los riesgos del uso excesivo del móvil y enseñarles a reconocer los signos de un empleo problemático.

El uso de los teléfonos móviles por parte de nuestros jóvenes es un tema complejo que requiere la atención y el esfuerzo conjunto de padres, educadores y profesionales de la salud. Con una supervisión adecuada y estrategias efectivas, podemos ayudarles a usar estos dispositivos de manera que beneficie su desarrollo y bienestar, evitando a la vez las numerosas consecuencias perjudiciales derivadas de un uso inadecuado, abusivo o adictivo.

ACTIVIDAD PARA PENSAR

1. ¿Has observado cuánto tiempo pasan tus hijos frente a la pantalla de un móvil inteligente (o *smartphone*) después de salir de clase?
2. ¿Qué tipo de contenido visionan?
3. ¿En qué momentos piden insistentemente que les des tu móvil y para qué?
4. ¿Qué ocurre cuando se lo das? ¿Y cuando no se lo das o se lo tienes que quitar?
5. ¿Has notado cambios en el estado emocional o la conducta de tus hijos relacionados con el uso del móvil, como ansiedad, irritabilidad o aislamiento?

6. ¿Tus hijos han dejado de participar en actividades sociales o familiares por preferir estar con el móvil?

7. ¿Qué tipo de juegos o aplicaciones son las que más usan tus hijos en sus móviles? ¿Crees que aportan beneficios educativos o de entretenimiento saludable?

8. ¿Tus hijos saben identificar contenidos inapropiados o cómo actuar ante situaciones de riesgo como el ciberacoso?

9. ¿Te ha pedido tu hijo que le compres un *smartphone* porque todos sus amigos ya tienen uno? ¿Cómo has gestionado esa petición? ¿Para qué quiere el móvil?

10. ¿Conocen tus hijos los riesgos que implica utilizar un teléfono móvil con conexión a Internet y todas sus posibilidades?

11. En caso de que hayas accedido a facilitarle un móvil, ¿está justificado su uso atendiendo a las necesidades particulares de la familia?

12. ¿Existen reglas o acuerdos para garantizar que tu hijo o hija use adecuadamente ese móvil?

13. ¿Tenéis reglas generales en casa respecto al uso del *smartphone* (por ejemplo, nunca en la mesa durante las comidas o en el dormitorio en momentos de descanso)?

14. ¿Se cumplen estas reglas por todos los miembros de la familia?

15. ¿Miramos las pantallas de nuestros móviles cuando estamos ayudando a nuestros hijos a hacer sus deberes, compartiendo un momento de juego en el parque o en casa, o hablando con ellos de alguna cuestión relevante que nos quieran contar?

16. ¿Sabemos cómo manejar la conflictividad que se genera cuando establecemos límites de uso del móvil en casa?

17. ¿Hemos realizado una correcta comunicación con nuestros hijos sobre las ventajas y desventajas del empleo de los *smartphones* dentro y fuera de casa?

5. NUEVOS PELIGROS: EL *CIBERBULLYING* Y EL *GROOMING*

A. Pineda

¿QUÉ ES EL CIBERBULLYING?

Con la creciente presencia de la tecnología en nuestras vidas, es crucial que estemos informados y preparados para proteger a nuestros hijos en el entorno digital. En este capítulo vamos a profundizar en definir estas amenazas, cómo reconocerlas y, lo más importante, cómo podemos prevenirlas y actuar ante ellas.

Cada vez escuchamos más el término «ciberbullying», un fenómeno que ha surgido con el aumento del uso de las nuevas tecnologías.

El término *ciberbullying* viene de la palabra *bullying,* que se refiere a cualquier ataque intencionado hacia una o varias personas, del que las víctimas tienen dificultades para defenderse[110]. Cuando se empezó a utilizar el término *ciberbullying,* también se consideraba como un acto de agresión intencionada y constante que se usa en contra de una víctima, a través de las redes sociales o cualquier dispositivo digital[111]. Estas agresiones pueden incluir ataques verbales, acoso *online, ciberstalking,* denigraciones, usurpación de identidad, revelación de secretos y exclusión.

El *ciberbullying* puede manifestarse de muchas formas, como amenazas de agresión física, insultos, burlas, amenazas de muerte o actos sexuales no deseados, entre otros. A diferencia del *bullying* tradicional, el *ciberbullying* no siempre requiere la repetición de actos o un desequilibrio de poder físico, ya que el anonimato y las habilidades tecnológicas pueden crear un desequilibrio de poder muy diferente[112].

Por ejemplo, un solo acto malintencionado, como subir una foto comprometedora, puede propagarse rápidamente y causar un sufrimiento continuo a la víctima. Además, el hecho de que la víctima no siempre sepa quién es el acosador, añade un matiz de impotencia y dificultad para tomar medidas efectivas.

Por tanto, la definición de *ciberbullying* parece más difícil de determinar, debido a que no tiene una delimitación conceptual tan marcada como la del *bullying*. El concepto clásico de *bullying* tiene que tener ciertos factores o criterios fijos para poder diferenciarlo de la agresión general. No obstante, dos de los factores claves en el *bullying,* la repetición y el desequilibrio de poder, no necesariamente se manifiestan de la misma manera en el *ciberbullying*[112].

En primer lugar, en el *ciberbullying,* el acoso puede ser debido a un solo acto malintencionado.

En segundo lugar, habría que tener en cuenta el factor del desequilibrio de poder. En general, cuando uno se encuentra en una situación de acoso escolar o *bullying,* suele haber un desequilibrio de poder, ya sea psicológico o físico, entre la víctima y el agresor, donde la víctima se ve como alguien más débil[113]. En cambio, en el *ciberbullying* esto no es necesariamente así; el desequilibrio de poder no tiene por qué ser físico, como en el *bullying* tradicional, ya que el anonimato, las habilidades técnicas y el control sobre las nuevas tecnologías pueden crear fácilmente otro tipo de desequilibrio de poder.

¿QUÉ ES EL *GROOMING*?

El *grooming* es otro término relativamente nuevo y se refiere a la manipulación de un adulto hacia un menor con el fin de conseguir contenido sexual. Este proceso puede ser muy sutil y gradual, similar a un cortejo, donde el abusador establece una relación de confianza con el menor para facilitar el abuso. Es el proceso por el cual una persona prepara tanto a un niño, como a sus adultos significativos (en general, los padres) y su ambiente, para el abuso de dicho niño.

El objetivo es lograr acceso al menor, obtener su colaboración y garantizar su silencio, para evitar que se revele lo que está ocurriendo. Este proceso refuerza el comportamiento del abusador, ya que puede usarlo para justificar o negar sus acciones. Esta definición se aplica tanto al *grooming* que ocurre en persona como al que se lleva a cabo a través medios tecnológicos[114].

El *grooming* puede implicar varias fases:

🛜 *Grooming* a uno mismo: donde el abusador se justifica y se prepara para el abuso.

🛜 *Grooming* del entorno y de las personas significativas para el niño: donde el abusador manipula a los padres y a otros adultos para ganar acceso al menor.

🛜 *Grooming* al menor propiamente dicho: que incluye la manipulación emocional y la normalización del contacto sexual[115-116].

En el entorno digital, el *grooming* puede ser aún más insidioso, ya que el abusador puede establecer contacto con un gran número de menores de manera anónima y rápida. Usan tácticas como la adulación, la imitación del estilo de comunicación del menor y la escalada gradual de la conversación hacia temas sexuales. Muchos perpetradores adoptan un comportamiento encantador y servicial para ganarse la confianza y el acceso a sus víctimas[117]. Los abusadores obtienen la confianza de la comunidad y de los seres queridos del niño antes de abusar de él. De esta manera, pueden acercarse más a los menores sin levantar sospechas sobre su comportamiento.

Además, una vez que se integran en la vida de la víctima y ganan la confianza de su entorno, se suelen minimizar ciertas preocupaciones o señales de alarma que puedan tener sus padres, debido a la imagen de aceptación, confianza y cariño que tienen del abusador.

Una idea equivocada de muchas personas es que piensan que sabrían identificar una persona extraña *online,* pero a menudo los perpetradores quieren ser percibidos de manera positiva por la víctima, por lo que actúan de forma agradable y amigable, creando una apariencia de confianza. Generalmente, los abusadores buscan que la relación se sienta exclusiva, haciendo que el niño se sienta especial, pero al mismo tiempo aislándolo de otras relaciones importantes, como sus padres o amigos[118].

Estamos obligados a destacar el papel crucial de la sexualización de la comunicación con el niño en el proceso de *grooming*. El aumento en la sexualización puede manifestarse de diversas formas, como el coqueteo, el «habla sucia», el envío de fotos explícitas o enlaces a contenido pornográfico[119-120].

Con estas técnicas no solo normalizan este tipo de comportamiento, sino que también otorga al perpetrador un mayor control sobre la víctima, ya que comparten cosas que no querrían que se hicieran públicas (como pueden ser fotos explícitas). La repetición de conversaciones de carácter sexual es esencial para que el perpetrador avance en sus intenciones y pueda alcanzar sus objetivos. Los métodos que usan para sexualizar la relación y llevar a cabo el *grooming* pueden dividirse en dos estrategias distintas: la desensibilización comunicativa y la reformulación[121]. La primera implica desensibilizar verbal y físicamente al menor hasta alcanzar un nivel de interacción sexual. La segunda estrategia consiste en cambiar la percepción del joven sobre la sexualidad, sugiriendo que el sexo podría ser algo positivo para él[121].

¿CUÁNDO Y CUÁNTO PASA?

Se ha observado un solapamiento entre el *bullying* tradicional y el *ciberbullying*. Muchas veces, quienes acosan en el entorno escolar también lo hacen en el entorno digital, utilizando el *ciberbullying* como una extensión de sus métodos de acoso.

Las mujeres son más frecuentemente objetivo de *grooming* que los hombres, aunque estos últimos tienden a tomar más riesgos *online*. Los adolescentes en general, debido a su mayor uso de las tecnologías, son más vulnerables al *grooming online*.

A nivel nacional[122], un estudio elaborado en 2018 puso de manifiesto que el 5,2% de los adolescentes encuestados en España había sufrido *ciberbullying* en los dos meses anteriores, siendo más común entre las chicas de 13 a 16 años. En cuanto al *grooming,* un estudio[123] encontró que el 17,2% de los adolescentes españoles había sufrido *grooming online,* siendo más frecuente entre las chicas de 16 a 17 años.

A nivel internacional, un estudio[124] avalado por la Organización Mundial de la Salud en 2020 determinó que el 12% de los adolescentes había sido víctima o perpetrador de *ciberbullying* al menos una vez en los últimos meses, con una prevalencia mayor entre las chicas.

¿CÓMO EVITARLOS? CLAVES PRÁCTICAS EN CASA	
Para poder prevenir recuerda los siguientes datos:	☼ El ciberacoso o *ciberbullying* es más frecuente entre los 13 y 16 años. ☼ Tenemos que manejar el tiempo que nuestros hijos dedican a las tecnologías, ya que son más propensos a ser víctimas o perpetradores del *ciberbullying* cuanto más tiempo pasen *online*. ☼ Deberíamos explicarles a nuestros hijos el impacto que puede tener un comentario o foto que cuelguen en la web, y el peligro de que todo se quede grabado en el ciberespacio y fuera de nuestro control.

¿CÓMO EVITARLOS? CLAVES PRÁCTICAS EN CASA

- ☼ El *grooming* es un proceso de manipulación que desensibiliza a los niños para poder aumentar la probabilidad de que participen en actividades sexuales con el perpetrador.
- ☼ El *grooming* lo puede llevar a cabo alguien del entorno cercano, ya que muchos abusadores también se ganan la confianza de la familia para acercarse más a los menores.
- ☼ Uno de cada 10 adolescentes se comunica *online* con personas que no conocen, por lo que habría que monitorizar su uso de las tecnologías.
- ☼ La mejor protección frente al *grooming* es que monitoricemos el uso que hacen nuestros hijos de la tecnología.
- ☼ Hemos de educar a nuestros hijos sobre los peligros del *grooming online*. El grado en el que nos involucramos en su vida (tanto *online* como *offline*) se considera como un factor protector para el abuso sexual *online*.

¿POR QUÉ ES IMPORTANTE QUE LAS FAMILIAS SEPAMOS QUÉ ES EL *CIBERBULLYING* Y EL *GROOMING*?

Para prevenir que les pase a nuestros hijos. Solo si los acompañamos, educamos, instruimos y supervisamos el contenido que ven en la red, podremos poner todo de nuestra parte para evitar que puedan ser víctimas de *ciberbullying* y *grooming,* considerando lo siguiente:

1. **Educación y comunicación:** es vital que eduquemos a nuestros hijos sobre los riesgos del ciberespacio y mantengamos una comunicación abierta. Hablar sobre lo que hacen *online* y enseñarles a identificar comportamientos sospechosos, puede marcar una gran diferencia.
2. **Seguridad en línea:** debemos establecer normas claras sobre el uso de Internet y redes sociales, incluyendo la privacidad de sus perfiles y con quién se comunican, con objeto de ayudar a proteger a los menores. El uso de herramientas de control parental también es una medida eficaz.

3. **Fomentar la empatía y el respeto:** si enseñamos a nuestros hijos a ser respetuosos y empáticos, reducimos las posibilidades de que se conviertan en acosadores, y debemos ayudarles a entender la importancia de no compartir ni participar en la difusión de contenido dañino.

¿PARA QUÉ ES PRECISO QUE LOS PROGENITORES CONOZCAMOS BIEN QUÉ ES EL *CIBERBULLYING* Y EL *GROOMING*?

Para saber cómo actuar si nuestros hijos son víctimas:

1. **Escuchar y apoyar:** es crucial que nuestros hijos se sientan escuchados y apoyados. Si creamos un entorno seguro donde puedan hablar sobre sus problemas, será el primer paso para solucionar cualquier situación de acoso o *grooming*.
2. **Documentar y denunciar:** en casos de *ciberbullying,* es importante documentar todas las evidencias (mensajes, capturas de pantalla) y denunciar el acoso a las plataformas correspondientes y a las autoridades.
3. **Buscar ayuda profesional:** en ocasiones, la respuesta de las plataformas pudiera no ser la adecuada, como puede verse en el documental PornoXplotación (enlace facilitado en el capítulo 13), pero la denuncia al GRUME (o Grupo de Menores de la Policía Nacional) o a la Guardia Civil resultan fundamentales. En situaciones de *grooming* o *ciberbullying* severo, puede ser necesario buscar ayuda profesional, como psicólogos o trabajadores sociales, que puedan ofrecer apoyo tanto a la víctima como a la familia.

El *ciberbullying* y el *grooming* son realidades preocupantes en el mundo digital actual. Como padres, debemos estar informados, vigilantes y ser proactivos para proteger a nuestros hijos. Al educarnos y educarles sobre estos riesgos, podemos crear un entorno más seguro y apoyar a aquellos que puedan ser víctimas de estas formas de abuso.

ACTIVIDAD PARA PENSAR

1. ¿Conoces los nombres de los mejores amigos y amigas de tus hijos? ¿Y de aquellos que les gustan? ¿Sabes si han discutido con ellos últimamente, las razones y cómo se resolvió el conflicto?

2. ¿Saben los menores las repercusiones que tiene insultar o denigrar a algún compañero en redes sociales, así como transmitir información privada y comprometedora de otro menor sin su consentimiento previo (etiquetar a alguien sin preguntar antes)?

3. ¿Has percibido a tu hijo últimamente más triste, o se queja de dolores de cabeza o de barriga y no quiere ir al colegio?

4. ¿Has notado que tu hijo desde hace un tiempo está más aislado, no queda con sus amigos como antes solía hacer, está más tiempo solo en su habitación y no quiere acudir a fiestas de cumpleaños a las que lo invitan (o ya ni lo invitan), o a actividades comunes con sus amigos?

5. ¿Has percibido a tu hijo más apagado, sin fuerzas ni energía, o que no le apetece comer su comida favorita ni quiere ir al colegio?

6. ¿Has percibido alguna vez que tu hijo muestra inquietud o está muy nervioso justo antes o después de tener acceso a las pantallas para consultar sus redes sociales?

7. ¿Les ha ofrecido alguien a tus hijos alguna vez que enviasen fotografías comprometedoras a cambio de «favores» o remuneración económica?

8. ¿Has observado el vocabulario o el comportamiento de tus hijos menores más sexualizado de lo conveniente para su edad? ¿Pudiera ello obedecer a que está viendo contenido pornográfico en redes a escondidas?

9. ¿Sabías que el vídeo más descargado este último año por los menores en redes fue una violación grupal? ¿Has hablado de este tipo de cuestiones con tus hijos adolescentes?

10. ¿Has pensado alguna vez cómo será la sexualidad real de tus hijos cuando les llegue el momento para ello, si ahora como adolescentes lo que están viendo en redes sociales es un comportamiento sexual artificial, irreal y que persigue un fin lucrativo claro en aquellos que lo difunden? Consulta con un especialista sanitario sobre la problemática que se está incrementando acerca de trastornos en la sexualidad de los jóvenes, dado que no conocen otra cosa que pornografía.

6. ¿POR QUÉ ESTÁN MÁS IRRITABLES Y MÁS CANSADOS?

Amable Cima

¿QUÉ ES IMPORTANTE CONOCER?

Nuestros hijos, tanto en su etapa de niños como de adolescentes, pueden ser especialmente vulnerables a los encantos de las redes sociales, pero también a sus posibles daños. Durante su etapa de desarrollo neurobiológico como adolescentes, sus regiones cerebrales asociadas con el deseo de atención, la retroalimentación y el refuerzo por parte de sus iguales, se vuelven más sensibles a su estimulación. Sin embargo, las regiones de sus cerebros involucradas en el autocontrol aún no han madurado completamente. Esto puede dar lugar a la aparición de problemas, ya que el adolescente necesita priorizar sus relaciones sociales con sus compañeros y amigos, y en este contexto, las redes sociales se convierten en su aliado natural.

Los problemas surgen cuando su deseo de contacto social se encuentra accidentalmente con contenidos que pueden ser dañinos para su salud biopsicosocial.

¿CUÁNDO PASA?

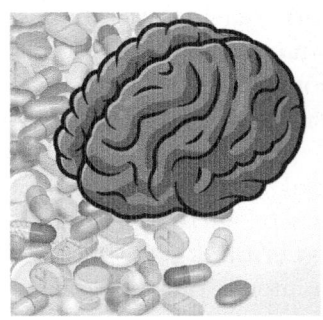

Los riesgos potenciales de las redes sociales son especialmente peligrosos durante las primeras etapas de la adolescencia. La pubertad trae consigo cambios significativos en su desarrollo a nivel biológico, psicológico y social. En este sentido, se pueden observar dos períodos temporales de un mayor impacto de las redes sociales en las vivencias del adolescente: en las chicas entre los 11 y los 13 años, y en los chicos entre los 14 y 15 años. Un estudio[125] realizado con adolescentes británicos y publicado en 2021 puso de manifiesto que un mayor uso de las redes sociales predecía una disminución en su satisfacción con la vida un año después, mientras que un menor uso predecía una mayor satisfacción con su vida.

Esto nos lleva a la importancia de la supervisión por nuestra parte del uso que nuestros hijos hacen de las redes sociales, especialmente entre los 10 y los 14 años, y de la necesidad fundamental del aprendizaje y desarrollo de habilidades de alfabetización digital en esas edades de mayor impacto de los contenidos dañinos, si lo que se busca es que puedan ir ganando una mayor autonomía a medida que van creciendo.

No obstante, también es necesario poner en valor los aspectos positivos del uso de las redes sociales. El beneficio más evidente es la conexión social, que permite al adolescente estar en contacto con sus amigos, así como crear nuevas conexiones con otras personas con las que comparta intereses. Este beneficio es aún mayor para aquellos adolescentes con problemas emocionales de ansiedad, estrés o aislamiento social, pues las redes sociales pueden mantenerlos en contacto con sus redes de apoyo y ayudarles a evolucionar positivamente en sus dificultades de relación en persona[126]. Debemos tener en cuenta que los niños y adolescentes también pueden descubrirse a sí mismos *online,* pues las redes sociales les ofrecen una gran cantidad de oportunidades para aprender, para conocer el mundo, para relacionarse e interactuar con situaciones exigentes para ellos, pero sobre todo para hacer oír y ver su cosmovisión de la realidad ante sus iguales y los adultos.

Todo este mundo de aprendizaje experiencial tiene su lado oscuro, su cara B, y se llama «el algoritmo». La tecnología que desarrolla las redes sociales está diseñada por ingenieros expertos con el objetivo de atraernos, de ser el panal de rica miel al que se acude sin pensar: los botones para dar *likes,* las notificaciones, o los vídeos que se reproducen automáticamente, consiguen captar la atención del adolescente hasta el punto de llegar a generar problemas importantes, como problemas para conciliar y mantener el sueño, la reducción de la actividad física, la interferencia con las tareas escolares o la disminución de las relaciones sociales presenciales.

Perder el tiempo conectado a las redes sociales es, evidentemente, una causa de preocupación, pero los contenidos peligrosos para la salud mental del adolescente incluyen información errónea y desinformación acerca de multitud de temas que son de su interés, racismo, discursos de odio y contenidos que promueven comportamientos peligrosos como trastornos alimentarios, autolesiones, conductas de riesgo físico o *sexting.* Las redes sociales también se emplean para compararse y recibir comentarios relacionados con la apariencia física, o para ver vídeos de gimnasia sobre cómo lograr un peso y un cuerpo irreales, todo ello vinculado a una peor imagen corporal, el inicio en trastornos de la alimentación, especialmente anorexias, y síntomas depresivos, principalmente entre las chicas adolescentes.

Tampoco debemos dejar de lado la exposición de los adolescentes a comportamientos no saludables a través de las redes, como el abuso de sustancias o las autolesiones, que incrementan exponencialmente la imitación de tales comportamientos por parte de los menores en su vida cotidiana.

Centrándonos en aspectos problemáticos del uso adictivo de las redes sociales desde la visión neurobiológica, este tipo de problemas tienen unas características similares a las del resto de adicciones, destacando la activación del circuito de recompensa mesolímbico dopaminérgico, el núcleo accumbens y el hipocampo[127]. Por otro lado, aunque sin seguridad de si son causa o consecuencia, también se observan alteraciones en el volumen de la sustancia gris en el córtex ventromedial prefrontal[128]. Estas estructuras del córtex prefrontal, que se ven afectadas desde los centros del placer del cerebro en las áreas tegmentales ventrales, son las responsables de la toma de decisiones y de la planificación de la conducta.

De este modo, estimularlos repetidamente incrementará el valor de estas conductas adictivas, llegando a ser fundamentales en las costumbres y comportamientos del individuo[129].

Desde un punto de vista específicamente físico, la adicción a las redes sociales puede producir problemas de salud biomédica clínicamente relevantes: afectación cardiovascular y metabólica, problemas de sueño, e incremento del perímetro abdominal a consecuencia de la mala calidad del sueño[130]. El uso prolongado de las redes sociales también puede estar en el origen de la presencia de cefaleas, visión borrosa, diplopía, fatiga ocular, problemas de audición e, incluso, abuso de la comida *fast food*.

Si nos centramos en la aparición de problemas psicológicos asociados al uso de las redes sociales, parece que las familias en las que hay modelos de referencia parentales negativos, terminan teniendo un mayor riesgo de adicción, así como los adolescentes que cuentan con la presencia previa de problemas de interacción social, introversión, timidez o baja autoestima.

La forma de afrontar el estrés de la vida cotidiana también parece estar relacionado con el uso disfuncional de las redes sociales. Cuando consideran estas redes como un medio habitual para hacer frente a ese estrés, sus estrategias impulsivas para regular sus estados de ánimo acudiendo a

Internet suelen aumentar el uso de estas aplicaciones porque el adolescente se acostumbra a que usar Internet le alivia dicho estrés[129].

Los menores que desarrollan problemas con la adicción a Internet suelen presentar personalidades definidas por una alta impulsividad, baja autoestima, alta timidez, alto neuroticismo y tendencia a procrastinar. La sensación de falta de apoyo social y sentimientos de aislamiento y soledad también se consideran fundamentales para el desarrollo de una adicción relativa al comportamiento[129].

¿CÓMO ATENDER A ESTA REALIDAD? CLAVES PRÁCTICAS EN CASA	
Si recordamos los siguientes datos podremos prevenir:	☀ Las adicciones digitales se asocian a la aparición de otro tipo de adicciones, de hecho, desde el punto de vista neurobiológico, las adicciones digitales activan zonas similares en nuestro cerebro, tales como el circuito de recompensa. ☀ Hay menores que tienen más probabilidad de desarrollar adicciones digitales y son aquellos que cuentan con una alta impulsividad, baja autoestima, alta timidez y alto neuroticismo. ☀ Se debe dedicar tiempo y recursos a la alfabetización digital, tanto del niño y el adolescente que acceden al uso de las nuevas tecnologías y las redes sociales, como de los adultos que deberán supervisar intensamente, al menos en las primeras fases, ese uso que realizan sus hijos de las plataformas de Internet para conectarse con el mundo.

¿POR QUÉ ES IMPORTANTE CONOCER BIEN EL ENTORNO DIGITAL Y LO QUE ELLO PUEDE REPRESENTAR PARA NUESTROS HIJOS?

Porque nos ayuda a prevenir la aparición de problemas derivados del uso de las nuevas tecnologías y las redes sociales por parte de los adolescentes. En esta línea, se exponen a continuación las directrices que la Asociación Americana de Psicología[131] ha planteado, según un decálogo de recomendaciones basadas en la evidencia científica obtenida hasta el momento:

1. Las redes sociales deben utilizarse para promover un tipo de socialización saludable, a través del apoyo social, la compañía

que ofrece la conexión *online* y el respeto a la intimidad emocional del adolescente que está conectado.

2. Los contenidos creados para un público adulto pueden no ser apropiados para el acceso de niños y adolescentes. Por esta razón, los usos, las funcionalidades y los permisos o consentimientos en las redes sociales deben estar adaptados a las capacidades y el nivel de desarrollo emocional y cognitivo de los usuarios más jóvenes.

3. En las primeras fases de desarrollo de la adolescencia (es decir, habitualmente entre los 10 y 14 años), es recomendable la supervisión de un adulto ya formado en aspectos digitales, con el fin de revisar, discutir y asesorar al adolescente acerca de los contenidos a los que tiene acceso en las redes sociales. El grado de autonomía de los niños y adolescentes en el acceso y uso de las redes sociales podrá ir aumentando gradualmente si estos adquieren herramientas de alfabetización digital, de tal modo que la supervisión realizada por el adulto podrá ir siendo cada vez menor, adecuándose a las crecientes necesidades de privacidad de los jóvenes.

4. Para reducir los riesgos inherentes de daño psicológico que pueden sufrir los niños y adolescentes, se deberán informar, minimizar y eliminar todos aquellos contenidos que se consideren nocivos para su desarrollo. La propia tecnología debería evitar dirigir a los jóvenes hacia ese tipo de contenidos como aquellos que representan comportamientos ilegales o psicológicamente inadaptados, incluyendo los que instruyan o alienten a los jóvenes a participar en comportamientos de riesgo para su salud, como las autolesiones, dañar a otras personas, o aquellos otros que fomenten trastornos de la conducta alimentaria.

5. Evitar la exposición de los niños y adolescentes al «ciberodio», incluyendo la discriminación, el prejuicio, el odio o el acoso *online*, especialmente si está dirigido hacia un grupo marginado o hacia un individuo por su identidad o relación con un grupo marginado.

6. Para evitar un uso problemático de las redes sociales, los adolescentes deberían ser evaluados de manera rutinaria para detectar disfunciones en sus capacidades para desempeñar funciones y rutinas, y que puedan representar un riesgo mayor para la aparición de daños psicológicos más graves con el paso del tiempo.

71

7. Se debe limitar el uso de las redes sociales para que estas no interfieran con el sueño y la actividad física de los adolescentes.
8. Los propios adolescentes deben limitar el uso de las redes sociales para compararse con otras personas, especialmente en lo que respecta a los contenidos relacionados con la belleza física o la apariencia.
9. El uso de las redes sociales por parte de los adolescentes debe ir precedido de un proceso de formación en alfabetización digital, de modo que se garantice que los usuarios han desarrollado competencias y habilidades psicológicamente informadas.
10. Se deben dirigir recursos suficientes para continuar con el análisis científico de los efectos positivos y negativos de las redes sociales en el desarrollo de los niños y los adolescentes.

En resumen, el uso de las redes sociales asociadas a las nuevas tecnologías tiene efectos positivos y negativos en la adolescencia. Los efectos positivos tienen que ver con una mayor autoestima, un mayor apoyo social percibido y un mayor capital social en relación con sus iguales; los efectos negativos están relacionados con una mayor exposición al daño, el aislamiento social, la depresión y el ciberacoso.

ACTIVIDAD PARA PENSAR

1. ¿Hasta qué punto seguimos en casa las recomendaciones realizadas por la APA?
2. ¿Por qué?
3. ¿Existen opciones de mejora?
4. ¿Cómo y dónde acudir para comenzar un plan familiar basado en la evidencia científica que nos ayude a regular el uso del entorno digital en los hogares?
5. ¿Por qué es importante involucrar a toda la familia en dicho reto?

7. ADICCIÓN DIGITAL COMO ANTESALA DE OTRAS ADICCIONES

José Luis Lavandera

¿QUÉ ES IMPORTANTE CONOCER?

El uso abusivo o adictivo del entorno digital entraña una serie de consecuencias negativas para los menores, entre las que se encuentran la alteración de las relaciones personales, el rendimiento académico, el trabajo y la salud mental en general. Pero existen además otras repercusiones negativas que tienen que ver con el acceso a lugares web inapropiados para la edad de un menor, que en muchos casos les incitan o sugieren visitar otras páginas relacionadas con el consumo de sustancias tóxicas. En estos sitios web, a los menores se les anima a adquirir y banalizar el uso del alcohol, del tabaco, de determinados fármacos, incluso de anabolizantes, preparados proteicos, así como drogas entre las que se encuentran el cannabis o los opioides.

La relación entre la adicción digital y el consumo de drogas y otras sustancias tóxicas es un tema que ha sido estudiado en diversos contextos y en diferentes poblaciones[132-133]. En estudios llevados a cabo en Estados Unidos y en España[132], hasta un 2% de los jóvenes encuestados han confirmado el uso de plataformas digitales para la adquisición de drogas *online*. Por otro lado, se ha observado que, dependiendo del país de procedencia, los jóvenes pueden adquirir drogas con relativa facilidad a través de sitios como Instagram o Facebook[134-135].

Según dichos estudios realizados en Estados Unidos y España[132], entre las drogas más consumidas y vinculadas a un uso impulsivo de dispositivos electrónicos se encuentran el cannabis, cannabinoides sintéticos, LSD, setas mágicas, anfetaminas, éxtasis, cocaína, opiáceos, opiáceos farmacéuticos, gamma, GBL y otras drogas similares.

¿CUÁNDO PASA?

Al igual que en el caso de la adicción al alcohol o al consumo de otras drogas, Internet puede convertirse en un mecanismo de escape o evasión en los adolescentes para enfrentar situaciones estresantes o emocionalmente difíciles[136-137]. Recurren a Internet y a las drogas para evitar enfrentarse a problemas en sus vidas o para lidiar con emociones negativas, como el fracaso escolar o las malas relaciones intrafamiliares[138]. En términos de prevalencia[132], el 35% de los jóvenes de entre 15 y 16 años en los Estados Unidos, y el 28% en España, declaran haber consumido drogas ilegales.

Asimismo, numerosos estudios han demostrado que algunos adolescentes, con una adicción impulsiva a dispositivos electrónicos, tienen una mayor probabilidad de padecer otros trastornos psicológicos como la depresión, la ansiedad o el trastorno por déficit de atención con hiperactividad (TDAH); esto incrementa su vulnerabilidad a que puedan consumir drogas, lo que se relaciona en ocasiones con un aislacionismo y falta de interacción social ante la necesidad de llenar un vacío emocional.

Las redes sociales y la exposición a ciertos contenidos *online,* que banalizan el consumo de drogas, influyen en las actitudes y comportamientos de los adolescentes. Del mismo modo, la presión de grupo desempeña un papel importante en el inicio o la continuidad del consumo de drogas, donde contenidos nocivos *online* están reforzados por determinados clichés o burbujas sociales de grupos con «comportamientos afines»[139-142]. En el lado opuesto, varios estudios han constatado que los vínculos sociales fuertes fuera de Internet suelen estar relacionados con múltiples beneficios para la salud y el bienestar subjetivo[143-145].

Las chicas adolescentes son más susceptibles a desarrollar adicciones a fármacos a través del uso indebido de dispositivos electrónicos utilizados para el acceso a las plataformas digitales, influenciadas por factores sociales y/o emocionales mediados por amigos, compañeros o grupos en línea, que promuevan el uso de determinadas sustancias como parte de una pose o cliché de grupo[146-147].

Diversos estudios demuestran que los adolescentes y jóvenes universitarios utilizan plataformas sociales como Instagram para el acceso no medicinal a estimulantes sujetos a prescripción médica, exponiéndoles además a una gran cantidad de información que pretende motivar, promover o fomentar el consumo de las llamadas «drogas inteligentes» (*smart drugs,* SD) o fármacos inteligentes y la mejora cognitiva en general[148]. El sentimiento positivo hacia las drogas inteligentes puede desempeñar un papel importante, ya que proporciona una falsa sensación de seguridad a los adolescentes, al mostrar imágenes y textos que retratan este tipo de consumo de drogas como la solución fácil y segura a los problemas sociales y de salud.

Entre los fármacos más vendidos como drogas inteligentes a través de plataformas digitales como Instagram y de *apps*[148], se encuentran las llamadas #studydrugs, #nootropics, #cognitive-enhancers y #modafinilo. También, y de una forma más o menos encubierta y sofisticada, pueden adquirir una serie de drogas inteligentes o fármacos estimulantes[149].

Asimismo, se han desarrollado estudios en redes sociales en los que se demuestra el fácil acceso que tienen los adolescentes y los jóvenes a las llamadas criptoredes y criptoapps[150], en Internet[149].

Por otro lado, el acceso a información en Internet puede llevar a algunos adolescentes a automedicarse, es decir, buscar y consumir fármacos sin la supervisión de un profesional de la salud. Esto puede ocurrir en situaciones en las que los jóvenes buscan aliviar síntomas de ansiedad, depresión u otros problemas de salud mental relacionados con su entorno familiar y social. Esta excesiva interacción con plataformas digitales sin un debido control parental constituye un incremento del riesgo.

Finalmente, otro ejemplo de medicación a la que pueden los adolescentes y jóvenes acceder en Internet a través de plataformas sociales son los *body enhancers*[151] y suplementos anabolizantes[152] que los adolescentes mayores y jóvenes utilizan actualmente y cuyo acceso a información y compra realizan a través de redes sociales e Internet.

En la población adolescente española, diferentes trabajos han encontrado que son los adolescentes varones los más proclives a mostrar pautas de conducta asociadas con los factores anteriormente mencionados, siendo más frecuentes en aquellos individuos con problemas de fracaso escolar (hasta un 30% de la población escolar) y falta de autoestima, quienes muestran un uso compulsivo de dispositivos electrónicos e Internet, y por ello una mayor exposición a información que incentiva el abuso del alcohol.

¿CÓMO? CLAVES PRÁCTICAS EN CASA	
Peligrosidad del consumo de drogas.	🔭 Hay que tener presente que el entorno web puede incitar a los menores a consumir drogas de diversa índole.
	🔭 Si se banalizan o trivializan sus efectos nocivos y los «modelos» digitales fomentan su consumo, asociándolo a un determinado estatus o grupo social, es más

¿CÓMO? CLAVES PRÁCTICAS EN CASA	▢

probable que los menores quieran consumir este tipo de sustancias, y cada vez de manera más precoz.

🔭 Es muy relevante que los padres supervisen el contenido que visionan los menores y se entablen diálogos donde se debatan los efectos de las drogas, su peligrosidad en determinados contextos, e incluso se presenten casos reales en los que el consumo haya tenido consecuencias desafortunadas, según la edad del menor.

🔭 En la medida de lo posible, las familias hemos de contrarrestar los efectos que sonoras y atractivas campañas de marketing realizan sobre los menores, ayudándoles y guiándoles en un correcto cuestionamiento del poder lucrativo de dichas campañas, así como de las consecuencias perjudiciales que el consumo de drogas tiene a nivel físico, psicológico y social para los menores.

¿POR QUÉ Y PARA QUÉ CONOCER ESTA REALIDAD?

Los padres y madres hemos de estar atentos al tipo de contenido que visionan los menores en el entorno web, sobre todo porque las visitas a lugares *online* inapropiados pueden hacerles más proclives a banalizar el consumo de ciertas drogas perjudiciales para la salud. Concretamente, numerosos estudios han encontrado una asociación entre la adicción digital y un mayor riesgo de consumo problemático de alcohol.

Habría que supervisar estrechamente los siguientes factores, que se han relacionado con el consumo de alcohol en menores y el entorno web:

1. Influencia de las redes sociales: El «entorno digital» puede tener un impacto en los patrones de consumo de alcohol. Las redes sociales y otros sitios en línea pueden normalizar el consumo excesivo de alcohol, lo que puede llevar a una mayor aceptación y participación de dicho consumo en los menores. Algunas investigaciones han encontrado que los adolescentes que pasan mucho tiempo en las redes sociales se exponen a una mayor presión

social para consumir alcohol. Las imágenes de amigos o *influencers* disfrutando de bebidas alcohólicas, pueden generar una percepción de que el consumo de alcohol es algo común o deseable, aumentando la probabilidad de beber en exceso.

2. Escapismo y falta de autocontrol. Tanto la adicción digital como el consumo de alcohol pueden ser formas de escapar de la realidad o de lidiar con el estrés y la ansiedad. Los adolescentes pueden utilizar Internet en exceso para evadir sus problemas o situaciones difíciles, y encontrar en el consumo de alcohol una vía similar de escape.

3. Comorbilidad: los adolescentes que tienen una predisposición a desarrollar adicciones, pueden ser más propensos a padecer tanto la adicción a Internet como la adicción al alcohol.

4. Depresión y ansiedad: la adicción a Internet puede estar relacionada con problemas de salud mental, como la depresión y la ansiedad. Estos trastornos también se han asociado con un mayor riesgo de consumo de alcohol.

Como resumen de todo lo dicho anteriormente, y a partir de los estudios realizados en diferentes países y culturas, se puede concluir en grandes líneas que la interacción de los adolescentes y jóvenes con dispositivos electrónicos, que desemboca en una adicción digital, facilita el acceso no tutelado a redes sociales y plataformas digitales donde se exponen a información que incentiva el consumo de sustancias tóxicas, drogas y hábitos perjudiciales para la salud[153]. Solo la correcta supervisión, y el diálogo con los padres dentro del seno familiar, permite mantener a los adolescentes impermeables a la tormenta informativa a la que se ven expuestos en Internet y redes sociales[154].

ACTIVIDAD PARA PENSAR

1. ¿Has debatido alguna vez con tus hijos qué son las drogas y qué efectos tienen en nuestro organismo?
2. ¿Conoces algún caso cercano que creas que sería provechoso compartir con tus hijos adolescentes, de cara a poder ejemplificar las graves consecuencias que el consumo de drogas puede tener en los menores?
3. ¿Crees que sería apropiado buscar alguna imagen de un cerebro humano en Internet para mostrar a los menores cómo se deteriora con el consumo de alcohol y otras drogas?

4. ¿Saben tus hijos preadolescentes o adolescentes que el consumo de cannabis (coloquialmente denominado «porro») puede generarles una enfermedad muy grave y crónica (para toda la vida) como la psicosis?

5. ¿Has debatido alguna vez con tus hijos por qué muchos *influencers* aparecen en redes consumiendo o promocionando determinadas marcas o bebidas alcohólicas? ¿Realmente creen los menores que les gustan este tipo de productos que publicitan o se debe a un fin lucrativo?

6. ¿Crees que sería adecuado preguntar a los menores por qué creen que aparecen tantas ventanas emergentes cuando navegan por Internet, muchas de las cuales son publicidad de productos no aptos para su edad, tales como el alcohol u otro tipo de drogas?

7. ¿Alguna vez habéis comentado en familia sobre la importancia de prevenir más que curar en cuanto al consumo de drogas?

8. TODA LA FAMILIA UNIDA DEBE AFRONTAR ESTE RETO

GABRIEL DÁVALOS

¿QUÉ ES IMPORTANTE CONOCER?

Nuestra sociedad cambia, y la velocidad del cambio nos trae sorpresa y preocupación. En el universo virtual, la velocidad es más que evidente. Como familias, tenemos un reto importante respecto al buen uso del entorno digital, un fenómeno que afecta no solo a nuestros menores, sino a todos y a cada uno de los miembros del sistema familiar.

La familia y las pantallas forman un binomio controvertido pues, por una parte, el entorno digital tiene una gran relevancia en la vida de nuestros hijos y, por otra, debemos contar con herramientas útiles para supervisar el buen uso de este.

Debemos tener en cuenta que la familia es un sistema social abierto de relaciones interpersonales recíprocas enmarcadas en diversos contextos de cambio[155], cuyo funcionamiento está modelado por dos variables principales: estructurales y dinámicas.

Las variables estructurales, como el tipo de familia, límites, normas o fronteras, describen la composición y organización familiar. Por su parte, las variables dinámicas, como la comunicación, la expresión afectiva, el clima familiar o la cohesión, explican la cualidad relacional del sistema.

Tradicionalmente, nuestras funciones como padres se han clasificado en dos categorías: las acciones o medidas relacionadas con el control o la supervisión, y las acciones o medidas relacionadas con la expresión afectiva. La finalidad de las primeras es contribuir a desarrollar la autonomía de nuestros hijos, mientras que la finalidad de las segundas es dotar de herramientas y habilidades sociales, de cara a la contención, expresión y gestión emocional.

La relación entre las familias y las pantallas es una carrera de obstáculos que requiere comprensión, energía, esfuerzo, constancia y motivación.

¿CUÁNDO ESTABLECER LOS LÍMITES Y LAS NORMAS EN LA FAMILIA?

Los límites y las normas que establecemos están relacionados directamente con la función de control. Tienen como finalidad establecer guías sobre el comportamiento y la actitud y, cuando estas no se cumplen, establecer y aplicar una serie de medidas o consecuencias.

Los límites y las normas, en relación con las pantallas, son un escenario complejo. Si bien, aunque existen criterios recomendados por los expertos en nuevas tecnologías como, por ejemplo, la cantidad de tiempo que es recomendable utilizar el móvil o cualquier otro dispositivo a lo largo del día, el tiempo para dejar de usar los dispositivos antes de irse a la cama, el contenido al que puedan tener acceso, etc., la realidad es que, en el día a día, es difícil cumplirlos al pie de la letra.

Por ello, además de las funciones parentales y de los estilos educativos, es conveniente tener en cuenta las indicaciones que nos aporta la psicología de cara a guiar nuestro modelo educativo.

Así, en etapas tempranas como la primera y segunda infancia, el modelo recomendado es el conocido como «autoridad-sumisión» porque los hijos necesitan indicaciones precisas ya que, como es de esperar, no son tan capaces de medir el riesgo a la hora de ejercer su autonomía y responsabilidad.

Por su parte, en la etapa de la pubertad y adolescencia, el modelo más recomendado es aquel que permite llegar a «acuerdos», ya que recoge los intereses y las necesidades de cada uno de los miembros de la familia y evita posicionarse en posturas rígidas e inflexibles.

Tenemos que recordar que llegar a acuerdos es un factor de protección. Los límites y las normas son necesarios, de la misma manera que lo es el tener flexibilidad para reconocer que nuestros hijos van creciendo y las expectativas que depositamos en ellos van cambiando.

La familia tiene un papel importante en la conciencia de la propia identidad de nuestros adolescentes y debemos educarlos en esta etapa vital para ayudarles a construir su identidad digital, formal o informal, que les permitirá interactuar de forma virtual en las redes, así como difundir su trayectoria personal o profesional compartiendo información en cualquier lenguaje[156].

¿CÓMO MANEJARLO? CLAVES PRÁCTICAS EN CASA	
Involucrando a toda la familia.	👀 Es importante recordar que la familia es un sistema que tiene fronteras, y que estas se deben respetar: las normas deben consensuarse con los hijos, según su edad, pero deben establecerse por los padres, que serán los que velen por su cumplimiento. 👀 Es importante que toda la familia participe en el establecimiento de un plan familiar adecuado del uso del entorno digital en casa. 👀 Es muy relevante mantener un buen clima familiar, de cooperación y de comunicación eficaz. 👀 Es crucial que los padres seamos buenos modelos de conducta para nuestros hijos, así también con relación al uso de las pantallas en casa.

¿POR QUÉ ES IMPORTANTE QUE TODA LA FAMILIA ESTÉ UNIDA EN EL MANEJO DEL ENTORNO DIGITAL EN CASA?

Para evitar la invasión de fronteras.

Las fronteras familiares internas son el espacio de cada uno de los miembros del subsistema filial, parental o conyugal. El exterior del sistema familiar es la distancia o proximidad que se mantiene con otros sistemas.

Es un concepto de gran importancia en el tema que nos ocupa porque cuando la preocupación va en aumento y, ante la falta de recursos que ayuden a resolver un problema, se puede producir una invasión de fronteras cuyo impacto puede afectarnos de manera negativa tanto a nivel estructural como relacional.

Veamos algunos ejemplos: mirar el móvil de un miembro de la familia, conseguir y utilizar la clave para entrar en su perfil, leer los comentarios en sus diferentes aplicaciones, etc., todo ello sin tener la autorización del propietario del dispositivo o de la cuenta. Cuando la otra persona se entera de este hecho, algo habitual porque hay distintas maneras de rastrear el uso de esas aplicaciones, el conflicto aumenta y ahora se añade otro problema: la desconfianza. Así, el clima familiar se ve especialmente afectado con el incremento de la conflictividad.

Con frecuencia, encontramos padres y madres que, abrumados por la preocupación, indagan en el móvil o hacen un seguimiento de la ac-

81

tividad de sus hijos en la red. Asimismo, también se dan casos donde los hijos se convierten en detectives de sus padres y fiscalizan su actividad en las redes. Si antes mencionábamos el modelo educativo de llegar a acuerdos, en este punto conviene revisar nuestra actuación con dos objetivos: el primero es ver si lo que estamos haciendo funciona y, segundo, si no funciona, entonces intentar hacer algo distinto.

Se trata de hacer un listado de las conductas, emociones y pensamientos que describen cómo solemos reaccionar cuando nos enteramos, por ejemplo, de que nuestro hijo ha estado manteniendo una conversación con una persona desconocida a través de la red, ha consultado un contenido que no nos parece adecuado para su edad, ha subido un material íntimo a redes, etc.

Tras esa reacción, deberíamos hacer una pausa reflexiva para analizar qué ha funcionado en nuestra manera de actuar, es decir, si nuestra respuesta ha conseguido que la conducta-problema disminuya o desaparezca. Cuando constatamos que no ha funcionado, entonces hay que pensar en hacer algo distinto, es decir, buscar una estrategia para abordar esta cuestión sin que sea «más de lo mismo». Por ejemplo, podemos utilizar ese momento como oportunidad de aprendizaje para ambos y hablar sobre ello.

La invasión de estas fronteras trae consigo un gran desgaste emocional y una pérdida de confianza que será muy difícil de reparar. Conviene, no solo en lo relacionado al uso de las redes sociales, que trabajemos dos cuestiones fundamentales: «raíces» y «alas».

Las «raíces» son los valores que queremos que nuestros hijos lleven en su mochila. La mayoría de los padres lógicamente queremos que sean felices, que se realicen personal y profesionalmente, y que sean buenas personas; de ahí todo el empeño y cariño que ponemos en su educación y desarrollo.

Por otra parte, las «alas» son el camino que ellos mismos han de elegir y la manera en que van a decidir recorrerlo. En estas «alas», encontramos satisfacción o confusión, orgullo o desilusión, esperanza o indefensión, etc.

Como factor de protección, en aquellos momentos en los que nos asalte la duda, es importante pensar que, aunque nos hemos podido equivocar, hemos intentado hacer lo mejor para ellos. Por supuesto, cuando lo hayamos intentado todo o cuando se nos hayan agotado los recursos de los que disponemos, debemos recordar que es necesario acudir a los profesionales, dado que ellos podrán ayudarnos a reconducir la situación.

¿PARA QUÉ DEBEMOS INVOLUCRAR A TODA LA FAMILIA?

Para poder negociar todos juntos los límites sobre la duración y el contenido del entorno digital que consumen los menores en casa.

Cuando se habla del tiempo empleado y el contenido que se consulta en Internet encontramos diversas respuestas: hay a quienes les preocupa más el tiempo y, por tanto, no ponen medidas preventivas que les permitan conocer el contenido al que están accediendo sus hijos. Por otra parte, hay padres y madres que piensan que, mientras el contenido sea ilustrativo o acorde con sus valores, el tiempo es un factor secundario.

Conviene tener en cuenta tanto el tiempo como el contenido porque, como se ha comentado anteriormente, existe relación entre el uso de las pantallas, la dificultad para el control del comportamiento y las emociones en actividades de la vida diaria[157], así como problemas de salud física y mental. Está comprobado que el tipo de consumo del entorno digital está altamente relacionado con la calidad de sueño, la autoestima, la ansiedad o la depresión, y que el uso problemático y excesivo de la tecnología puede repercutir de forma negativa en el rendimiento académico.

El tiempo está más relacionado con el control, mientras que el contenido lo está con la supervisión. Como factor de protección, cuando el hijo comparta un contenido, es decir, una noticia, un dato, una imagen, etc., es conveniente interesarse por la historia que hay detrás de dicho dato, escuchar de forma activa y con una actitud proactiva, evitando una postura o actitud fiscalizadora.

Y también debemos involucrar a toda la familia para ser buenos modelos de conducta para nuestros hijos.

Un obstáculo de especial interés es el ejemplo que padres y madres transmitimos a nuestros hijos en el uso de las pantallas. Muchas veces, los hijos suelen decir a los padres y madres que no somos el mejor ejemplo porque también somos adictos o estamos «más enganchados» que ellos al móvil.

La etapa de desarrollo en la vida adulta tiene varios desafíos entre los que se encuentran la toma de decisiones respecto a cuestiones como, por ejemplo, formar una familia, elegir un trabajo, comprar una vivienda, o sobre cuestiones como la estabilidad económica y emocional y la madurez.

Dentro de esta etapa, para quienes hemos decidido tener hijos, el desempeño del rol parental es fuente de estrés, especialmente durante el desarrollo infantojuvenil de los hijos. Somos un modelo para nuestros hijos que aprenden de nosotros determinadas actitudes y comportamientos[158]. Las actitudes parentales no se reducen a las prácticas educativas, sino que incluyen también la dimensión emocional que es fundamental en el desarrollo de la persona[159]. Por tanto, conviene que analicemos el uso que estamos haciendo de las nuevas tecnologías y las redes sociales de cara a dar ejemplo de un uso racional de las mismas.

Es conveniente que la supervisión parental sea una conducta preventiva de cara a evitar que surja un uso problemático, y que no sea una conducta reactiva que se ejecuta cuando ya ha aparecido un uso problemático de las redes sociales. Por otra parte, es importante dar formación a las familias para a ejercer una supervisión efectiva[160].

ACTIVIDAD PARA PENSAR

1. ¿Has establecido un plan familiar involucrando y escuchando activamente a todos los miembros de la familia con respecto al manejo de las pantallas en casa?

2. ¿Hay cuestiones que podáis mejorar respecto a vuestra comunicación familiar?

3. ¿Existen contradicciones o incongruencias entre los padres en las normas o límites establecidos sobre el manejo del entorno digital en casa? ¿Se podrían negociar para establecer consensos?

9. CLAVES PRÁCTICAS PARA LA PREVENCIÓN

ESTHER RINCÓN

¿QUÉ ES LO RELEVANTE EN RELACIÓN CON LA PREVENCIÓN?

Tradicionalmente, en el ámbito sanitario se diferencia entre prevención primaria, secundaria y terciaria.

- ☼ La prevención primaria implica aquellas medidas tomadas para evitar la aparición de una enfermedad en personas sanas.
- ☼ La prevención secundaria se centra en los esfuerzos por detener el progreso de una enfermedad que ya ha aparecido.
- ☼ La prevención terciaria implica el tratamiento y rehabilitación de una patología que ya presenta síntomas clínicos[161].

Es relevante prevenir en estas modalidades cuando hablamos de adicciones tecnológicas o digitales, preferiblemente y tratándose de menores, procurando siempre potenciar la prevención primaria, para poder «prevenir mejor que curar».

Como comentamos en el capítulo 1, debemos sospechar de una adicción a las pantallas en nuestros hijos cuando los vemos muy preocupados por tener acceso a las mismas, con necesidad de estar cada vez más horas conectados y con una notable irritabilidad si se les impide ese acceso al entorno digital. Si a esto se une la falta de interés por aficiones o *hobbies* que antes les gustaban y que ahora se sustituyen por estar más tiempo *online,* hemos de estar atentos, observar y consultar con los especialistas.

Además, si emplean las pantallas para «desconectarse» de la realidad porque esta les entristece o les genera malestar, encontrando en el entorno *online* su fuente de evasión, podemos sospechar que pudiéramos estar ante una adicción comportamental.

¿CUÁNDO PASA?

Como clave para los padres, es importante recordar que cuando el acceso a las redes sociales, al *smartphone,* a los videojuegos o a Internet en general **pasa de ser un divertimento a ser una necesidad,** hay que detenerse y observar. Hemos de observar muy atentamente a nuestros hijos, porque las claves, probablemente, de lo «enganchados» que estén nos la ofrecerá precisamente su reacción cuando no puedan acceder a estas actividades. Eso sí, no nos referimos a un día puntual o en un momento de frustración pasajero, sino cuando se le impida el acceso al entorno digital de forma continuada. La reacción que tenga el menor, comparándola con sus reacciones habituales, será información de gran riqueza para poder identificar comportamientos problemáticos o adictivos.

Existen multitud de recursos, tanto de fuentes privadas como públicas, donde se puede ampliar información al respecto. Siempre aconsejamos a los padres que busquen información de recursos fiables, basados en las opiniones de profesionales sanitarios y expertos en la materia. Al respecto, se provee al lector de las pautas de la Asociación Americana de Psicología en el capítulo 6, así como muchos otros recursos útiles a lo largo de esta obra y, para poder ampliar información, en el capítulo 13.

¿CÓMO ABORDARLO? CLAVES PRÁCTICAS EN CASA	
Atendiendo a las siguientes pautas podremos prevenir, que siempre es mejor que curar.	☼ Es crucial que los padres nos informemos sobre lo que implica el entorno digital, establezcamos pautas, y nos acerquemos a nuestros hijos de una forma constructiva, para poder educarlos sobre las ventajas y riesgos que implica el entorno web.
	☼ Un adecuado control parental está consistentemente relacionado con un menor uso problemático de Internet en los menores.
	☼ Los estilos parentales democráticos, una adecuada relación y comunicación padre-hijo, una mayor disponibilidad emocional de los padres y pasar un mayor tiempo de calidad con los menores, son todos factores que se relacionan con una menor tasa de adicción a Internet.
	☼ Establecer límites de tiempo en el uso de los dispositivos digitales se ha relacionado también con un menor nivel de adicción a Internet.
	☼ Una mayor conflictividad entre padres e hijos debido al uso de Internet está relacionada con una mayor probabilidad de desarrollar un uso abusivo o problemático de Internet.

A continuación, citamos algunas estrategias que ha desarrollado la Comunidad de Madrid en una infografía de gran utilidad: *Cómo hacer un uso responsable de las tecnologías en el hogar:*

1. *Adaptar las rutinas en casa para tener la sensación de control y aprovechar para establecer otras nuevas.* Conviene tener normas negociadas no solo sobre el tiempo diario de uso de pantalla, sino sobre el contenido que se debe y no visionar, según la edad del menor y las recomendaciones de organismos relevantes en este tema, como se expondrá más adelante en este capítulo. El no cumplimiento debe llevar asociado consecuencias, por ejemplo, la reducción del tiempo al día siguiente.

2. *Definir tiempos y espacios para las actividades, distinguiendo el lugar donde se realizarán las tareas académicas, del que se destinará al ocio.* Este aspecto es de gran importancia, dado que las constantes distracciones del entorno digital hacen que los menores se cansen mucho más cuando deben estar concentrados en las tareas escolares. Es decir, dado que el *multitasking* es una falacia en términos neurológicos, el hecho de estar cambiando constantemente el foco de nuestra atención de una tarea (los deberes) a otra (el móvil y todos sus avisos sonoros), genera un mayor cansancio o fatiga cognitiva. Como resultado, es probable que ni las tareas se terminen adecuadamente, ni el menor pueda llevarlas a cabo con una plena concentración, terminando finalmente más agotado. Quizá aquí fuera conveniente meditar si es preciso que los deberes se realicen siempre en dispositivos electrónicos, y si así fuere, que los mismos no tengan conexión a Internet o se supervise su empleo por un adulto. Es importante recordar que un menor, precisamente por su estado evolutivo, todavía no tiene la capacidad de autorregularse como un adulto. Por ello, pretender que lo haga, cuando la pantalla le muestra innumerables «tentaciones», es demasiado pedir.

3. *Mantener hábitos tecnológicos saludables.* El exceso de exposición a pantallas genera, como se ha señalado previamente, más fatiga cognitiva, y se ha documentado científicamente que promueve otras muchas consecuencias negativas a nivel social, académico, físico y emocional; incrementando la posibilidad de convertirse en una conducta adictiva. Se mencionan dos horas diarias de pantallas, pero si se pudiese dejar en una hora, en términos lúdicos y contando con la que los menores necesitan

para cumplimentar sus tareas en el ordenador, mucho mejor. En menores de edad, y tal y como se señalará posteriormente, una gran mayoría de profesionales de la salud mental promulgamos que el acceso a la pantalla sea lo más reducido posible (si cabe retrasarlo cada vez más hasta los 16 o 18 años) con especial regulación y supervisión del acceso a redes sociales y contenidos web nocivos. Se ofrecen numerosos documentales y literatura científica, que sustentan este argumento, en el capítulo 13.

4. *Apreciar la inactividad como oportunidad.* El aburrimiento, como se señala en la infografía, es una gran oportunidad para fomentar la creatividad de los niños. Esto lo saben bien nuestros mayores, que jugaban con las chapas, o fabricaban un tirachinas rudimentario con lo que se encontraban. Sí, que los menores desarrollen un juego creativo es de extraordinaria importancia para su correcto desarrollo neurológico, especialmente en la primera infancia.

Además de estas pautas, la infografía ofrece estrategias muy útiles sobre «ideas de uso tecnológico saludable para el tiempo libre en familia», de las que destacaríamos la importancia de realizar la tarea que queremos instruir precisamente con ellos. Es decir, si queremos advertir de la peligrosidad de las redes sociales, en términos de no facilitar información personal, ni fotografías comprometidas, ni conectar con extraños, el poder adictivo que tienen mediante herramientas como el *«scrolling* infinito», las recompensas aleatorias *(likes,* por ejemplo), o la personificación de los anuncios que nos llegan gracias a la inteligencia artificial; entre otras, ¿por qué no hacerlo directamente con nuestro hijo al lado? Pedirle que nos enseñe algún chat que le haya llamado la atención, estando con ellos en un entorno distendido, agradable, de confianza y cálido, y en ese momento, darle algunas pistas. Premiar mucho y de forma explícita las cosas que ya sabe y hace bien, pero indicar algunas con las que habría que tener un poco más de cuidado. De modo similar, sentarnos a ver qué videojuegos está empleando nuestro hijo, o qué vídeos suele descargar de Internet, será una excelente oportunidad para poder comentar constructivamente la utilidad o peligrosidad de estas actividades.

Especial interés tienen las recomendaciones de la Asociación Española de Psiquiatría de la Infancia y la Adolescencia (AEPNYA) publicadas el 11 de junio de 2024, y en las que se exponen textualmente las recomendaciones en el uso de los dispositivos tecnológicos según la edad de los menores, enfatizando que el control sobre el tiempo de utilización es fundamental a la hora de evitar crear el «hábito» (véase el enlace en el capítulo 13):

- **0-5 años: evitar** el uso de dispositivos electrónicos, con o sin acceso a Internet, incluida la televisión, especialmente hasta los 3 años. Si se utilizan después de los 3 años, limitar el tiempo de pantalla a menos de una hora diaria con contenido educativo y supervisado.
- **6-12 años:** uso **limitado y supervisado** de dispositivos electrónicos para actividades educativas y recreativas. Promover el uso de pantallas en espacios comunes y con herramientas de control parental.
- **13-18 años:** uso más autónomo, pero con **reglas claras y supervisión.** Establecer un «contrato» revisable con normas de uso y personalizar las recomendaciones según la madurez del adolescente.

En una línea similar, la Asociación Española de Pediatría[84] recomienda textualmente en su última actualización de 5 de diciembre de 2024 lo siguiente:

⇨ **0-6 años:**

- **Cero pantallas, no existe un tiempo seguro.**
- Como excepción y bajo supervisión del adulto se puede usar para el contacto social con un objetivo concreto. Por ejemplo, que la persona que está al otro lado de la pantalla le cuente un cuento o le cante una canción.

⇨ **7-12 años:**

- **Menos de una hora diaria** (incluyendo el tiempo escolar y los deberes).
- Limitar el uso de los dispositivos con acceso a Internet.
- Priorizar los factores protectores: actividades deportivas, relaciones con iguales cara a cara, contacto con la naturaleza, sueño, alimentación saludable, etc.
- Si se decide que utilicen un dispositivo, es recomendable que sea **bajo la supervisión de un adulto, con dispositivos fijos y evitar el baño y dormitorio.**
- **Pactar límites** claros previamente tanto en tiempo como en contenidos adaptados a la edad.

⇨ **13-16 años:**

- **Menos de dos horas diarias (incluyendo el tiempo escolar y los deberes).**
- Si se permite el acceso a dispositivos —sin ser la única medida que se tome— **instalar herramientas de control parental.**
- **Priorizar el uso de teléfonos sin acceso a Internet.**
- Retrasar la edad del primer móvil inteligente (con conexión a Internet).

¿POR QUÉ ES IMPORTANTE PREVENIR?

Citando al célebre general y estratega militar chino, Sun Tzu: «si conoces al enemigo y a ti mismo, no debes temer el resultado de un ciento de batallas». Pero la realidad es que se ha dispensado a los menores una herramienta de inmensas posibilidades (un *smartphone*), sin haberles dado nociones sobre cómo emplearla responsablemente.

¿Nos imaginamos qué pasaría si cuando nuestros hijos nos dicen que quieren aprender a conducir les damos las llaves de un coche de altísima cilindrada y les dejamos conducirlo solos por primera vez?

Pues algo similar está ocurriendo con el entorno digital, hasta el punto en el que las consecuencias están siendo dramáticas. Así, en numerosas ocasiones, los medios de comunicación han citado casos de menores que emiten actos violentos contra sus padres por impedirles acceder al móvil, menores raptados por desconocidos con los que chateaban o niños que se quitan la vida debido al ciberacoso; por no citar los desencadenantes de trastornos de la alimentación tales como la anorexia o la bulimia, tras haber consumido contenido *online* específico sobre cómo vomitar, engañar a los padres o producirse autolesiones.

Más alarmantes todavía son los datos aportados en febrero de 2024 por el informe de FAD juventud[8] sobre el consumo de pornografía infantil en los jóvenes españoles, o por la regularidad con la que los menores acceden a contenido de odio y claramente nocivo para ellos.

Si no estamos atentos a estas cuestiones y conseguimos información veraz y certera con la que poder establecer un diálogo constructivo con nuestros hijos, **los estaremos dejando solos ante una realidad que no deben transitar en solitario** y sin la supervisión de sus progenitores. Recordemos que existe un negocio muy lucrativo detrás de este contenido nocivo, pero el mayor precio que estamos pagando es la desprotección de la población infantojuvenil.

LA RELEVANCIA DE INFORMAR Y ENTRENAR ADECUADAMENTE A LAS FAMILIAS

Vamos a ver qué indican recientes hallazgos científicos al respecto.

En un metaanálisis publicado en septiembre de 2023, se puso de manifiesto que **el estilo de crianza que desplieguen los padres se relaciona con que sus hijos abusen de la tecnología**[162]. En dicho estudio, se incluyó un total de 40.587 participantes. Las conclusiones alcanzadas fueron claras: **cuando los padres emplean estrategias parentales adecuadas, se produce un menor uso abusivo de Internet por sus hijos; y a la inversa,** cuando los padres despliegan estrategias parentales o de crianza inadecuadas, el consumo problemático de Internet se incrementa.

Además, el estilo de crianza basado en castigos e imposiciones fue especialmente perjudicial, es decir, prohibir por imperativo categórico. Cabe mencionar que los estilos parentales o patrones de crianza se definen como el conjunto de normas, formas o actitudes que los padres despliegan con sus hijos para lograr sus objetivos de crianza[159].

Tradicionalmente, se distinguen estilos de crianza positivos y negativos. Las pautas de crianza positivas se definen como relaciones cálidas y cercanas entre padres e hijos, favoreciendo una participación colaborativa[163]. Por el contrario, los estilos de crianza negativos se caracterizan por la severidad o el hecho de «malcriar» a los niños, incluyendo la parentalidad autoritaria, punitiva, sobreprotectora y de rechazo[164].

De esta forma, **los estilos parentales permisivos** se han asociado también a mayores tasas de adicción al teléfono móvil en adolescentes[165], así como con una mayor duración del uso diario de Internet[166], un uso problemático de Internet en estudiantes[167], y una mayor adicción a Internet en niños[168]. **Los estilos parentales definidos como autoritarios** se han relacionado con una mayor presencia de adicción a Internet en los hijos adolescentes[166, 169-170].

La relación entre el estilo de crianza de los padres y diversos problemas desarrollados en los menores a corto y a largo plazo ha sido documentada extensamente en la literatura. Lo que constituye una novedad es que haya sido **tan rotundamente relacionada con el uso abusi-**

91

vo del entorno digital. Es por ello que lo que los sanitarios y profesionales de la salud mental ya intuíamos, ahora está probado científicamente.

Aquellos padres que carecen de unas pautas comunicativas adecuadas, con relación al manejo de las nuevas tecnologías en los hogares con menores, pueden impactar negativamente en el uso que los mismos realizan de las pantallas, con las consecuencias negativas que vimos antes.

Por ello, **es imperativo que las familias tengamos conocimientos y herramientas prácticas para poder entrenar unas adecuadas pautas parentales** que permitan prevenir el uso abusivo y/o adictivo de los medios digitales por los menores. Cabe destacar que el reciente documento[171] hecho público por el Gobierno el 3 de diciembre de 2024 destaca la importancia de la supervisión de un adulto, mientras que los menores estén utilizando el entorno digital; quedando explícita su importancia también en las últimas recomendaciones publicadas por la Asociación Española de Pediatría[84] el 5 de diciembre de 2024.

¿PARA QUÉ ES PRECISO QUE LOS PROGENITORES SEPAMOS CÓMO PREVENIR UNA ADICCIÓN DIGITAL EN NUESTROS HIJOS?

Sin móviles en la mesa: el ejemplo como impulsor del cambio

Es mejor que las familias controlen la tecnología antes de que la tecnología determine todo el funcionamiento familiar. Para ello, el ejemplo que los padres ofrecemos a nuestros hijos, mediante el uso que nosotros hacemos de la esfera digital, es fundamental.

Los estudios indican que el **uso excesivo de Internet por parte de los padres** está directamente relacionado con una mayor adicción a Internet en los adolescentes[172]. Asimismo, el hecho de **que los padres presenten adicciones tecnológicas** se ha asociado con un mayor uso problemático de *smartphones* en adolescentes[173], mayores tasas de adicción a Internet en menores[172] y con el incremento en la agresividad de los adolescentes[173].

La existencia de conflictos entre los padres a la hora de establecer el uso de Internet en los hogares se ha asociado también a una mayor probabilidad de que los menores realicen un uso problemático de Internet[174]. **Una peor calidad en el nivel de comunicación entre los padres y las hijas** se ha relacionado con mayores tasas de adicción al móvil de las chicas[175]. **Bajos niveles de afecto y cuidado de los padres y madres también se ha relacionado** con un empleo compulsivo de Internet[176]. Los estudios que han incluido a padres que dicen estar **«desbordados»** debido al estrés parental, han demostrado una mayor dificultad **para establecer relaciones sólidas o de calidad** con sus hijos adolescentes, lo que se ha asociado con un uso problemático y abusivo de Internet[177]. Este uso problemático y abusivo de Internet se ha relacionado a su vez con un posterior desarrollo de adicción en menores[168, 178].

La participación de toda la familia en actividades digitales es un factor clave, porque protege a los menores de un uso problemático de Internet[179]

Que los **padres desplieguen unas estrategias adecuadas de educación** sobre el uso del entorno digital se ha asociado con un empleo más adecuado de teléfonos móviles por parte de los adolescentes[173], así como con un uso menos problemático de las nuevas tecnologías en general[180]. Esta **mayor comunicación y apoyo familiar** se ha asociado también con adolescentes que tienen una relación más saludable con sus padres y manifiestan menos agresividad[173].

Así, el hecho de que exista una relación positiva entre padres e hijos es un hecho que protege a los menores del desarrollo tanto de la adicción al teléfono móvil[181] como a Internet[178, 182]. En general, esa supervisión adecuada por nuestra parte evita que abusen de Internet[166].

Aquellos padres que constituyen un modelo positivo de comportamiento, es decir, que «predican con el ejemplo» limitando también su uso de la tecnología frente a sus hijos, son un buen modelo para los pequeños[180]. Los estilos parentales democráticos[166], una adecuada relación padre-hijo[178, 183], una mayor disponibilidad emocional de los padres[166] y un mayor tiempo de calidad con ellos[184] se han mostrado sistemáticamente en diversos estudios como estrategias que conducen a que nuestros hijos tengan menores niveles de adicción a Internet.

Establecer límites de tiempo en el uso de los dispositivos digitales también se ha relacionado con un menor nivel de adicción a Internet[185] y al teléfono móvil en menores[175]. Los padres pueden ayudar a reducir el acceso de los niños a Internet controlando su uso recreativo, lo que a su vez puede ayudar a prevenir el desarrollo de pautas adictivas a Internet[186].

En definitiva, un adecuado control parental se ha relacionado de forma consistente con un uso menos problemático de Internet en menores[167, 174, 177, 187, 188].

La importancia de observar a nuestros hijos

Los menores que presentan **dificultades en su capacidad de regulación emocional**[166] tienen una mayor probabilidad de desarrollar **adicción a Internet,** y aquellos que **refieren problemas interpersonales** se han encontrado más proclives a desarrollar una **adicción al teléfono móvil**[181].

Esto quiere decir que es importantísimo que alentemos y potenciemos en nuestros hijos valores protectores tales como la capacidad de autorregulación o templanza, la empatía o la justicia, como veremos en el capítulo 12. Igualmente, es crucial que conozcamos el día a día de nuestros hijos. Saber si han tenido problemas con sus compañeros o amigos, si alguien les hace sentir mal y por qué, si han tenido alguna situación embarazosa o dolorosa en su jornada diaria.

La cena es un gran momento para preguntar a los menores por estos temas, o si no, en algún otro tiempo compartido con calma y serenidad. Hoy en día los padres tampoco tenemos demasiado tiempo libre de prisas, estrés, docenas de tareas por terminar, o momentos con un estado de ánimo suficientemente positivo como para realizar una escucha activa, interesada y calmada sobre cómo ha ido el día de nuestros hijos.

Sin embargo, como nos demuestran sistemáticamente los estudios, **¡qué importante es detenernos y escuchar el día a día de nuestros hijos!** Así podremos no solo ser una fuente de ayuda y guía más eficaz, sino también detectar estas pequeñas «pistas» que nos pueden indicar que se están desarrollando comportamientos no demasiado adecuados en el uso de las pantallas.

Unido a lo anterior, se ha documentado que los **adolescentes que perciben un menor apoyo social**[166, 176, 189], que han sido **víctimas de maltrato** (acoso o abuso)[170], que tienen un **mal rendimiento acadé-**

mico[190] y que manifiestan un **mayor uso diario de Internet**[166, 174] son más vulnerables a acabar desarrollando una adicción digital. Conviene recordar que determinadas funcionalidades de la tecnología se diseñan intencionalmente para ser adictivas, cada vez más, y mediante medios más sofisticados, que «secuestran» literalmente nuestra atención. Se ofrecen recursos adicionales de información al respecto en el capítulo 13.

La personalidad adolescente, en ocasiones caracterizada por un **escaso autocontrol y una elevada impulsividad,** también los hace más proclives a desarrollar un uso problemático de los teléfonos móviles[16], pudiendo acabar en adicción a Internet[189, 190]. Tienen además un mayor riesgo de desarrollar el trastorno de déficit de atención con hiperactividad (TDAH)[169, 184]. Aquellos niños con padres que no manifiestan calidez emocional hacia ellos también tienen más probabilidad de desarrollar un uso problemático de Internet[188, 191].

En cambio, los menores que se sienten **más satisfechos con su vida en general**[192], y que cuentan con un **mayor autocontrol**[193], son los que tendrán **menos probabilidades de «engancharse»** a Internet.

No podemos insistir lo suficiente en la extraordinaria importancia del papel que jugamos los padres en este asunto. De la misma forma, cobran especial relevancia todas aquellas medidas de las autoridades competentes, encaminadas a proveer de formación a los menores sobre cuestiones relacionadas con la ciberseguridad, la educación digital y los riesgos y potencialidades que las nuevas tecnologías les pueden acarrear.

¿Y qué pasa si la presión social de los amigos hace que nuestros hijos insistan en emplear el entorno digital para no sentirse desplazados?

No nos queda otra que educar. Y a las autoridades competentes regular convenientemente, a la luz de los resultados científicos que se están alcanzando. Sería conveniente educar en cuál es el peligro, cuáles son las conductas preventivas y cuáles las de riesgo. Expliquemos, desde la psicología positiva, adaptando nuestro lenguaje a la edad del menor, entendiendo su mundo, respetando y validando sus emociones, en un clima de diálogo y de construcción de reglas y de consecuencias a la infracción de estas. Tenemos que enseñarles que hay cuestiones que deben llevarse a cabo con cautela para evitar males mayores.

Las nuevas tecnologías suponen un reto más sobre el que tenemos que hablar con los hijos en un momento en el que estén psicológicamente disponibles para ello. Convendría enseñarles que es una responsabilidad conjunta y que su uso de forma irresponsable puede entrañar riesgos, algunos no solo de extraordinaria gravedad, sino de compleja y larga reparación o curación.

Este tipo de educación no busca la ausencia de límites, de hecho los recomienda. Establece que negociar unas pautas marcadas, siendo algunas de ellas de obligado cumplimiento para todos los miembros de la familia (tales como evitar las pantallas en la mesa, durante la cena, o en lugares a solas, como el dormitorio o el baño). Todos los límites deberían ser idealmente razonados y negociados, así como las consecuencias de infringirlos. De esta manera, generamos responsabilidad y toma de conciencia sobre un uso responsable.

Todo ello con la firmeza y flexibilidad requerida según la edad del menor y las circunstancias que acontezcan en su día a día.

Pero esto no será posible hasta que las familias no lleguen a conocer la realidad que muchos científicos y profesionales de la salud mental estamos tratando de transmitir. El libro que tienes en tus manos obedece a esta intención también. No se puede pretender dejar toda la responsabilidad a las familias. Las Administraciones deben realizar su función. Los efectos nocivos de las pantallas en los menores han sido documentados y denunciados por numerosos profesionales, tales como los que se aglutinan en *Adolescencia libre de móviles*. Esta asociación, impulsada entre otras por la profesora Marina Fernández Andújar, de la Universidad Abat Oliva CEU, ha sido pionera en la solicitud de regulación al respecto, en aras de proteger los derechos de la población infantojuvenil. En su página web, se puede encontrar numerosos documentos científicos que avalan la peligrosidad que las redes sociales suponen para los menores, acarreándoles severas consecuencias a nivel físico y psicológico. Es especialmente revelador el documento titulado *Despantallados: por una infancia y juventud libre y saludable,* firmado por expertas de diversos ámbitos que atañen a la atención al menor. En esta misma línea, reconocidas profesionales de la educación y la salud mental como Catherine L'Ecuyer o Marian Rojas han dedicado relevantes páginas de sus obras a poner de manifiesto el conocimiento científico existente al respecto, para conseguir que se frenen las consecuencias negativas del empleo de pantallas en los menores. No se puede pretender que, por un mero fin lucrativo de grandes compañías tecnológicas, se desproteja a los más vulnerables que, además, por su propio nivel de desarrollo madurativo, no están en condiciones de autorregularse ni de protegerse a sí mismos. Estoy convencida de que las prohibiciones llegarán, como no puede ser de otra manera, porque el fin que debe prevalecer es el de la protección al más vulnerable. Hasta que las regulaciones no prosperen, un buen comienzo podría ser formar a las familias para que puedan mantener el principio de precaución. Estas regulaciones habrán de venir de la mano de programas que fomenten la educación a los progenitores y menores de forma institucional, incluyendo, por supuesto, la educación en un uso responsable de la esfera digital en los centros educativos. Se pueden encontrar las obras anteriormente mencionadas, junto a otros documentales y recursos de información, en el capítulo 13.

Hay que recordar también que, cuando un menor emite una conducta violenta clara y directa como fruto de la privación del acceso a las nuevas tecnologías, sea cual fuere el dispositivo (móvil, tableta, ordenador o similar) es porque, con toda seguridad, ya han ocurrido otras conductas similares a las que había que haber respondido. Es decir, antes de que el menor propine una patada a la mesa porque su padre le prohíbe usar su móvil durante la cena, se han producido otras conductas que manifiestan esa frustración, por ejemplo, rabietas, gritos, insultos o gestos inapropiados.

Ante estas conductas, debemos reflexionar para definir de forma clara el «problema», si es que existe, así como su magnitud, causa, fuentes de prevención y tratamiento. Tal y como se ha señalado en el capítulo 1, estos comportamientos ya pueden ser claves claras de la instauración de un patrón adictivo que requerirá consultar con un especialista sanitario, y según estipule el mismo, podría requerir tratamiento.

Como conclusión, y tal y como refiere el refrán, «andar se demuestra andando». Pues andemos. Caminemos con nuestros hijos para que cuando estén preparados física y psicológicamente para caminar solos, tengan las nociones suficientes para hacerlo sin peligro o asumiendo el menor riesgo posible.

Debemos conocerlos bien para que podamos saber qué actitudes tenemos que premiar y qué aspectos fortalecer, pues los mismos serán las herramientas que albergarán para siempre en el camino vital que habrán de recorrer algún día en solitario. Estas herramientas quizá no deben buscarse ni encontrarse en ninguna red social, página web o aplicación móvil, sino en la experiencia, en el tiempo compartido y en el cariño incondicional de nuestros progenitores.

ACTIVIDAD PARA PENSAR

1. ¿Sabes qué tipo de controles parentales puedes emplear en la tecnología que utilizan los menores en casa?

97

2. ¿Conoces los riesgos que entraña cada una de ellas y cómo hablarle a los más pequeños de la casa sobre estos peligros?
3. ¿Has leído las últimas recomendaciones publicadas por la Asociación Española de Pediatría[84] al respecto del manejo de las pantallas en el hogar (citadas anteriormente en este capítulo)? ¿Se cumplen en casa? ¿Qué se podría perfeccionar a este respecto?
4. ¿Has establecido normas sobre el uso de las pantallas en casa o incorporado algún control parental en las mismas?
5. ¿Ha infringido tu hijo alguna de estas normas o limitaciones de uso? ¿Por qué? ¿Cómo habéis respondido los adultos?
6. ¿Cómo ha reaccionado tu hijo tras saltarse las normas?
7. ¿Has notado algún cambio en el comportamiento de tu hijo últimamente que te haya llamado especialmente la atención? ¿Cuál/es? ¿A qué crees que puede deberse este cambio? ¿Hay alguna circunstancia que pase siempre justo antes de ese cambio de comportamiento (como una rabieta o llanto desconsolado) o bien una consecuencia que la siga sistemáticamente (por ejemplo, siempre que discutimos se encierra en su habitación y enciende su videojuego favorito)?
8. ¿Conoces algún grupo de padres y madres que estén interesados en adquirir más información sobre cómo gestionar las pantallas en casa y que hayan acudido a algún recurso de información con aval científico (algún centro sanitario u organismo público)?

10. EN CASA, ¿SE PUEDE MEDIR SI EXISTE YA UNA ADICCIÓN DIGITAL?

Pilar Egea

¿POR QUÉ NECESITAMOS SABER DE ESTAS HERRAMIENTAS?

En este capítulo presentamos unas nociones sobre qué instrumentos pueden ser empleados para medir la presencia o ausencia del uso problemático o adictivo a la tecnología.

Si sospechamos que nuestros hijos sufren ya una incipiente adicción a la tecnología, es recomendable saber que existen herramientas con aval científico para poder medir esta realidad, aunque **deben utilizarse por profesionales que sepan exactamente cómo emplearlas convenientemente y que estén formados en su corrección e interpretación.**

Es importante saber que, cuando consultemos a los profesionales sobre esta problemática, debemos tener en cuenta que existen cuestionarios que ya se han validado para población infantojuvenil española, y que, por tanto, pueden emplearse para la correcta evaluación de la presencia de una determinada adicción digital en nuestros menores.

Su elección e interpretación estará siempre sujeta al mejor criterio del profesional sanitario, quien además deberá contrastar la información obtenida por los menores, con la facilitada por sus progenitores o cuidadores principales para alcanzar conclusiones veraces que le permitan establecer pautas terapéuticas o preventivas, según la edad y situación particular de cada caso.

¿CÓMO? CLAVES PRÁCTICAS EN CASA

| Estas son algunas de las herramientas científicas que miden la presencia de adicciones tecnológicas en los menores. | ⇨ **Cuestionario de detección de nuevas adicciones (DENA).** Identifica la percepción de los menores sobre el peligro del uso de las TIC en los menores con edades entre los 12 y los 17 años.
⇨ **Cuestionario de uso problemático de las nuevas tecnologías (UPNT).** Mide la adicción a cada una de las nuevas tecnologías consideradas (videojuegos, Internet, móvil y televisión) en niños desde 5.º de primaria hasta universitarios.
⇨ **Escala de riesgo de adicción adolescente a las redes sociales e Internet (ERA-RSI) para adolescentes.** Evalúa el riesgo de adicción a Internet integrando cuatro dimensiones: síntomas-adicción, uso-social, rasgos frikis y nomofobia.
⇨ **Tecnotest.** Mide la posible adicción a videojuegos, móvil, redes sociales y al juego en menores de entre 11 y 19 años.
⇨ **Test de adicción a las redes sociales (TARS).** Este test también está pensado para adultos.
⇨ **Cuestionario de experiencias relacionadas con los videojuegos (CERV).** Enfocado especialmente en adolescentes.
⇨ ***Internet Addiction Test* (IAT).** Este test también está pensado para adultos.
⇨ ***Internet Gaming Disorder Scale-20.*** Es un cuestionario muy corto, de solo 9 preguntas orientadas a medir la adicción a los videojuegos. |

¿QUÉ HERRAMIENTAS HAY PARA MEDIRLA?

Cuestionario de detección de nuevas adicciones (DENA)[194]

Este cuestionario se elaboró en 2010 con la finalidad de evaluar en los menores con edades entre 12 y 17 años, tanto chicos como chicas, la percepción que tienen ellos mismos del peligro del uso de las nuevas tecnologías, e identificar las conductas que les pueden suponer un riesgo de adicción en este ámbito. El estudio inicial se realizó con 1.710 estudiantes españoles de la Comunidad de Madrid.

Este test se centra en preguntas acerca del uso de Internet, de los videojuegos, del teléfono móvil y de la televisión. En todos los casos se pregunta sobre la frecuencia con que se usa cada tecnología y la percepción de problemas relacionados con dicho uso (si le dedican un tiempo excesivo, si tienen discusiones con sus padres por ello, si gastan demasiado dinero en ellas o si perciben que están enganchados). Después, se hacen preguntas específicas sobre cada una de las tecnologías que hemos citado anteriormente como, por ejemplo, si se sienten mal por no poder usar la tecnología en cuestión, si tienen conflictos en las relaciones interpersonales por su uso, si pierden el interés por actividades que antes les gustaban, si engañan a la familia en relación con el uso que hacen, etc.

La conclusión a la que llegan los autores es que cada tecnología tiene síntomas o conductas características y específicas.

A partir del cuestionario anterior, los autores realizaron un análisis psicométrico más exhaustivo y modificaron el DENA, para dar lugar al Cuestionario de uso problemático de las nuevas tecnologías (UPNT)[195]. Después de los análisis realizados con el test en una muestra de 2.747 estudiantes que cursaban desde 5.º de primaria a 5.º de licenciatura, el cuestionario quedó reducido a 26 preguntas que miden la adicción a cada una de las nuevas tecnologías consideradas (videojuegos, Internet, móvil y televisión), más una serie de conductas que pueden estar asociadas a cualquiera de las tecnologías consideradas y que son indicadores de adicción, como son: primero, relajarse con el uso de la tecnología; segundo, tener intentos fallidos de abandonar el uso de la tecnología y, tercero, mentir sobre su empleo. Los autores señalan que el cuestionario tiene una buena capacidad de discriminación para identificar problemas, y que esto se puede conseguir con una herramienta breve (solamente 26 preguntas), cosa que siempre se agradece en estos casos en los que a niños y adolescentes les puede costar más esfuerzo contestar a cuestionarios más largos. El test completo está disponible en la publicación correspondiente.

Escala de riesgo de adicción adolescente a las redes sociales e Internet (ERA-RSI)[196]

Esta prueba está compuesta por 29 preguntas, por lo que es fácil y rápida de responder, y recoge información sobre cuatro aspectos:

- *Síntomas-adicción:* nueve preguntas sobre conductas que se pueden considerar indicadoras de adicción como, por ejemplo, perder horas de sueño por conectarse a Internet o ver series.
- *Uso social:* ocho preguntas sobre las conductas que reflejan si el uso que se realiza tiene la finalidad de establecer o mantener las

relaciones sociales. Por ejemplo, consultar los perfiles de los amigos o comentar las fotografías que cuelgan.

&& *Rasgos-frikis:* seis elementos que miden aspectos específicos o propios de cada uno relacionados con intereses concretos o participar en juegos virtuales.

&& *Nomofobia:* seis preguntas relacionadas con la falta de control y la ansiedad en el uso del móvil.

Cada una de las preguntas se contesta en una escala que oscila entre «nunca o nada» hasta «siempre o mucho».

Los estudios con esta escala, realizados con una muestra de 2.417 adolescentes españoles, llegan a la conclusión de que se puede aplicar en este tipo de población para detectar si hay riesgo de adicción a las redes sociales e Internet, ya que tiene unos valores adecuados de fiabilidad y validez.

Tecnotest[197]

Esta prueba se ha desarrollado para ayudar a realizar una detección temprana de la adicción a videojuegos, móvil, redes sociales y al juego. El estudio de este test se realizó en España en un grupo de 1.813 estudiantes, con edades comprendidas entre 11 y 19 años, pertenecientes a trece comunidades autónomas.

Para realizar el test se tomaron como base una serie de pruebas previas que fueron las que se aplicaron, seleccionando para el nuevo test las preguntas que tuvieron un mayor valor predictivo desde el punto de vista estadístico. Este proceso dio como resultado una herramienta compuesta por 24 preguntas (12 de cribado de las cuatro tecnologías y otras 12 relacionadas con su uso), que se contestan con un «sí» o un «no» y se refieren a comportamientos llevados a cabo durante el último año desde el momento de la aplicación del test.

Test de adicción a las redes sociales (TARS)[198]

Es una prueba compuesta por 36 afirmaciones relacionadas exclusivamente con el uso de las redes sociales. Hay que contestar si es verdadero o falso que quien contesta las realice de forma habitual.

En este caso, el estudio del test también se hizo en población española (446), con una media de edad de 32,87 años, tanto hombres como mujeres. La prueba muestra valores adecuados de fiabilidad y validez.

Cuestionario de experiencias relacionadas con los videojuegos (CERV)[199]

Es un instrumento para detectar el uso problemático de videojuegos en adolescentes españoles. Los estudios realizados sobre este test indican que mide dos factores. Por una parte, la dependencia psicológica del videojuego y su uso para la evasión y, por otra parte, las consecuencias negativas del uso de videojuegos. Un aspecto importante de esta escala es que aporta puntuaciones que pueden servir para discriminar entre personas que no tienen problemas en el uso de videojuegos de aquellos que sí pueden tener un potencial problema en su uso e, incluso, de aquellos que pueden tener un problema importante de adicción a esta tecnología. Por tanto, esta escala parece ser útil para realizar un cribado de adolescentes que puedan tener dificultades derivadas del uso de videojuegos.

Todos los cuestionarios que se han comentado hasta ahora se han desarrollado en España y están adaptados para su empleo en población española. Por supuesto, también se han creado test en otros países para la medida de las adicciones a las nuevas tecnologías, algunos de los cuales están adaptados a la población española y otros no. Por ejemplo, podemos citar los siguientes:

Internet Addiction Test (IAT)[6]

Permite situar a las personas evaluadas en función de su nivel de tecnoadicción, ayudarlos a tomar conciencia sobre el aspecto de su vida que perciben como más afectado, y ayudar a evaluar o tener indicadores sobre la posible aparición de este problema en otras personas.

Internet Gaming Disorder Scale-20

Es un test muy corto, de solamente 9 elementos, que se estudió en una muestra de 1.397 jugadores *online* de habla inglesa de 58 países diferentes. Los estudios hechos sobre este cuestionario indican que puede ser una buena herramienta para medir la adicción al juego *online*. Este test se ha adaptado para uso en población española[200].

Para saber más acerca de cómo se ha medido la adicción a los videojuegos en el mundo, se puede acudir a distintas revisiones que aportan información sobre la diversidad de formas de enfrentar esta medida, que nos muestra las diferencias en función de la cultura a la hora de enfrentar y entender este problema[201].

ACTIVIDAD PARA PENSAR

1. ¿Has pensado alguna vez si el excesivo tiempo que pasan los adolescentes de casa conectados a la pantalla se debe a que están consultando sus redes sociales o bien jugando a videojuegos?
2. ¿Sabrías identificar las diferencias entre lo que se considera abuso o adicción a videojuegos o a Internet en general?
3. ¿Sería interesante conocer qué ítems o cuestiones en particular utilizan los cuestionarios científicos para considerar un uso abusivo de videojuegos, redes sociales o Internet?
4. ¿Quizá si leyésemos esas preguntas concretas o ítems, podríamos hacernos una idea más clara de cómo se miden las adicciones digitales de modo empírico y a qué debemos prestar más atención, concretamente, cuando observemos a nuestros hijos en casa interactuar con las pantallas?

11. ¿CÓMO USAR LA TECNOLOGÍA DE MANERA RESPONSABLE? AMPLIANDO EL ROL DE LOS PADRES EN CASA

FERNANDO MIRALLES

¿QUÉ OBJETIVO DEBEMOS PERSEGUIR?

El ejemplo y guía que establezcamos en nuestros hogares marcará tanto el tiempo de pantalla de los menores, como el intentar evitar que desarrollen un patrón abusivo que desencadene un uso adictivo. Por ello, vamos a ver unas pautas donde se profundiza en este papel que tenemos como líderes naturales de los hijos y como actores principales en su crianza.

¿CÓMO PODEMOS CREAR UN ENTORNO QUE FOMENTE EL USO SALUDABLE DE LA TECNOLOGÍA?

La importancia de caminar junto a ellos

Es importante que tanto nosotros como padres, como el resto del grupo familiar, podamos crear un ambiente motivador para que los niños usen la tecnología de una manera saludable y productiva. Podemos lograr esto estableciendo límites a la accesibilidad de los teléfonos móviles, apagando el móvil en determinados momentos en los que se estén haciendo actividades familiares u otras encaminadas al estudio o trabajo.

Por otro lado, debemos crear un ambiente positivo para la información dentro de la familia, y así poder aconsejar y no imponer que los niños establezcan límites de horario para el uso de las pantallas[202]. Ya es sabido que el uso de estas antes de ir a dormir inhibe la producción de melatonina, que es la hormona que ayuda a pasar de la fase de vigilia al sueño[203].

También es importante informar a los niños de los peligros que el uso incontrolado de la tecnología tiene sobre ellos, y cómo puede derivar en problemas físicos y mentales. Lo idóneo sería que los niños fuesen conscientes de la frecuencia con la que utilizan los dispositivos, y consiguiesen evitar la tentación de abusar de los mismos, aunque ello se complica según su desarrollo madurativo.

Los teléfonos móviles imponen altas exigencias a la propia capacidad de los usuarios para establecer límites de uso, debido al poder adictivo de los mismos. Es por eso que es tan importante que los padres ayudemos a nuestros hijos a aprender a utilizar la tecnología de manera responsable y a establecer límites para el uso de esta.

Además, las investigaciones que se han llevado a cabo sobre el tema demuestran que la tecnología puede tener efectos tanto positivos como negativos en el desarrollo de los niños[202, 204]. Como todos sabemos, esta tecnología se puede utilizar para facilitar el aprendizaje y aumentar la información del mundo en el que vivimos. Sin embargo, también se puede utilizar para actividades como juegos en línea y redes sociales que pueden provocar adicción. Por tanto, es importante que los padres se aseguren de que sus hijos utilicen la tecnología de manera segura y responsable.

Finalmente, los padres debemos ser conscientes y responsables de que se usen estas nuevas tecnologías para actividades tan importantes como la búsqueda de información y la interrelación con los demás, pero siempre de forma responsable, tanto en lo que se refiere al tiempo dedicado a ello como en la información que los jóvenes proporcionan a través de sus redes sociales.

¿CÓMO PODEMOS CREAR ACTIVIDADES ALTERNATIVAS AL USO DE LA TECNOLOGÍA?

Los padres, como guías de nuestros hijos, debemos ayudarlos de forma activa a desarrollar actividades alternativas que puedan servir como alternativa a la tecnología. Esto se puede lograr animándolos a explorar su lado creativo y generar ideas originales.

Cada vez existen más publicaciones de organismos oficiales que difunden la importancia que tiene la supervisión de los móviles en los menores de edad. Entre estas publicaciones, existe una de UNICEF en colaboración con la Agencia Española de Protección de Datos[205], titulada *Más que un móvil: la guía que no viene con el móvil* y que se puede conseguir de manera gratuita por Internet, que marca apartados tan importantes como: la planificación familiar antes de que llegue el móvil a casa, el estudio de la supervisión y normas, siempre antes de que el niño esté en posesión de su móvil, cómo educar al niño para no dar datos en sus redes sociales, así como el interés que tienen que mostrar los padres por los juegos que utilizan sus hijos, conocer con quiénes se comunican en sus redes sociales, estimular el sentido crítico del menor en Internet, asegurar espacios de desconexión, y en especial saber que los padres son los responsables de lo que su hijo haga por Internet. Recordemos que todos los años, hay menores que se suicidan en el mundo por acciones de *bullying* promovidas por compañeros de clase o de su entorno más cercano.

Los padres debemos ser el modelo del uso tecnológico saludable, y para eso podemos dar pasos como los siguientes:

- 👀 Diseñar un plan con los niños que incluya tiempo libre para los medios y limitar la exposición, especialmente en las horas previas a irse a dormir.
- 👀 Ver conjuntamente con ellos los medios y analizarlos cuando sea posible para mejorar el aprendizaje.
- 👀 No avergonzar a los hijos o culparlos del uso excesivo del móvil. Está demostrado que cuando se usan de manera interactiva y moderada, los medios pueden mejorar el aprendizaje y fortalecer la conexión familiar.

¿CUÁLES SON LAS ACTIVIDADES QUE TIENEN UNA MEJOR INFLUENCIA EN CÓMO NUESTROS HIJOS ORGANIZAN SU OCIO?

- 💡 Realizar actividades al aire libre, como caminatas o paseos en bicicleta.
- 💡 Organizar juegos de mesa o no tecnológicos.
- 💡 Practicar deportes en familia.
- 💡 Hacer manualidades o proyectos creativos juntos.
- 💡 Leer libros o revistas y después comentarlos.
- 💡 Cocinar y preparar comidas en familia.
- 💡 Realizar actividades de jardinería.
- 💡 Hacer excursiones a lugares cercanos.
- 💡 Participar en actividades comunitarias o voluntariado.
- 💡 Tener conversaciones y debates interesantes.
- 💡 Practicar música o aprender a tocar un instrumento.
- 💡 Planificar y realizar salidas culturales, como visitas a museos o exposiciones.
- 💡 Realizar actividades como alguna técnica de relajación en grupo.
- 💡 Practicar actividades físicas como yoga o pilates.
- 💡 Explorar nuevos *hobbies* y aprender cosas nuevas juntos.

¿CÓMO PODEMOS AYUDAR A NUESTROS HIJOS A ENFRENTAR LOS DESAFÍOS DE LA ADICCIÓN A LA TECNOLOGÍA?

Lo principal es crear un entorno de apoyo en el que puedan crecer y aprender. La comunicación es esencial para fomentar una relación positiva con ellos, y es importante brindar un espacio seguro a través de la comunicación donde los niños puedan expresar sus pensamientos y sentimientos sin temor a ser juzgados.

Por supuesto, debemos facilitar a los niños una orientación y retroalimentación apropiadas para su edad, para ayudarles a desarrollar las habilidades necesarias.

Estamos convencidos de que hay que establecer límites y expectativas para ellos al mismo tiempo que les brindamos la información y el apoyo necesario para que alcancen sus metas.

Recordemos la dificultad que tiene ayudarles a establecer límites saludables con la tecnología. Para alentar a los niños a afrontar los desafíos de la esfera digital, es muy importante enseñarles habilidades de comunicación, destacando cuatro puntos principales:

- 🛜 Resolución de problemas.
- 🛜 Negociación.
- 🛜 Autoexpresión.
- 🛜 Empatía.

Si conseguimos que dominen estas habilidades, comprenderán y gestionarán mejor sus propios pensamientos, sentimientos y comportamientos. Por supuesto, siempre podemos considerar el contratar servicios profesionales para que nos ayuden como familia a establecer límites o, llegado el caso, a gestionar una posible adicción.

Si recurrimos a un profesional, es importante que participemos activamente cuando estemos delante y hacer caso entre todos a las orientaciones que este les proponga, ya que, si queremos que mejoren su relación con la tecnología, debemos ser nosotros los primeros en seguir esas mismas orientaciones.

CLAVES PRÁCTICAS EN CASA	
Como padres, podemos seguir las siguientes estrategias para ayudar a nuestros hijos:	☼ Debemos navegar por Internet con nuestros hijos, orientándolos sobre las páginas más fiables y enseñándoles a navegar con un objetivo claro y marcado de antemano.
	☼ Debemos establecer normas claras para regular el uso de Internet, videojuegos y el móvil.
	☼ Si hacemos uso de los programas de control parental en el ordenador, y sobre todo en las videoconsolas y sus teléfonos móviles, evitaremos que lleguen contenidos inadecuados para su edad.
	☼ Empecemos enseñándoles que el móvil es para llamadas o mensajes cortos y urgentes.
	☼ Debemos seleccionar los videojuegos a los que juegan según su edad y contenido.
	☼ Siempre debemos acudir a profesionales si sospechamos o hemos presenciado comportamientos problemáticos como consecuencia del empleo de las pantallas en casa.

¿CUÁNDO DEBEMOS BUSCAR AYUDA PROFESIONAL PARA NUESTROS HIJOS?

La actitud con la que una persona comienza la búsqueda de ayuda profesional influye en los resultados de esa terapia. Esta búsqueda puede verse afectada, tanto positiva como negativamente, por varios componentes de la personalidad, así como componentes sociales, culturales o económicos, y lo que siempre comentan los profesionales en las consultas de psicología clínica es que en los casos en los que las personas vienen con ánimo de dejarse ayudar y orientar, las terapias son más cortas en tiempo y efectivas en resultados.

Estos hallazgos nos resaltan la importancia de que si detectamos señales que precisen buscar ayuda profesional para nuestros hijos, debemos hacerlo lo antes posible.

ACTIVIDAD PARA PENSAR

1. Como principales modelos de conducta de nuestros hijos, ¿de qué forma uso las pantallas cuando estoy con ellos?

109

2. ¿He establecido unas normas pertinentes de cara a un empleo responsable de las nuevas tecnologías en casa?

3. ¿Esas normas han sido impuestas o negociadas según la edad de mis hijos?

4. ¿Podría diseñar alguna actividad lúdica que involucre a toda la familia y que nos ayude a fortalecer nuestra comunicación mientras que nos divertimos?

5. ¿Podría esa actividad implicar, en algunas ocasiones, actividades conjuntas de empleo del entorno digital con nuestros hijos?

6. ¿Por qué es adecuado planificar actividades en las que ningún miembro de la familia use pantallas?

12. ¿CÓMO SE LO PODEMOS EXPLICAR A NUESTROS HIJOS?

Ana Jiménez-Perianes

¿QUÉ LES TENEMOS QUE EXPLICAR?

Ya hemos comentado que la comunicación en el seno familiar es uno de los factores de protección clave para evitar que los menores hagan un uso abusivo o adictivo de la tecnología. La ciencia determina que otro de los factores principales que ayudan a evitarlo es el nivel de bienestar psicológico previo y los valores con los que cuentan los menores. Por ello, en este capítulo profundizaremos en cómo los padres podemos fomentar el desarrollo de estos valores en nuestros hijos, así como en estrategias para potenciar una comunicación familiar sana sobre el entorno digital en casa.

Autores relevantes en estas materias[206] nos enseñan que la educación en valores y las fortalezas asociadas al carácter son un factor de protección ante la adicción a las nuevas tecnologías. Hacen referencia a la presencia de **24 fortalezas del carácter** que son **cualidades y rasgos que pueden ayudar a las personas a desarrollar una relación saludable con el entorno digital.** Agrupan estas fortalezas en 6 virtudes:

1. Sabiduría y conocimiento.
2. Valor.
3. Amor y humanidad.
4. Justicia.
5. Templanza.
6. Trascendencia.

Vamos a ver distintas formas de trabajar estas fortalezas:

- ☼ *Sabiduría y conocimiento:* debemos ayudar a nuestros hijos a desarrollar habilidades críticas para evaluar la información en línea, qué está bien, y qué información es creíble y veraz. Debemos promover un uso de la tecnología de manera creativa, como la realización de contenido de manera productiva y positiva; la exploración activa de nuevas tecnologías y aplicaciones de manera educativa y entretenida, y siempre bajo su supervisión. Tenemos que buscar actividades que potencien distintas áreas de nuestros hijos, que les motiven para aprender y que no tengan que ver con la tecnología.

- ☼ **Valor:** debemos enseñarles a resistir la tentación de la adicción tecnológica y a mantener un equilibrio en su vida; a discernir lo que está bien de lo que está mal. Seamos honestos con ellos de la misma manera que esperamos que ellos lo sean. Cuando compartamos temas importantes para ellos, tenemos que valorar lo que están haciendo y ayudarles a buscar una solución.

- ☼ **Humanidad:** debemos fomentar unas relaciones sociales y personales fuertes y apropiadas entre ellos y sus amigos y familiares, potenciando sus habilidades sociales tanto en las interacciones en línea como en persona.

- ☼ **Justicia:** debemos mostrar modelos a seguir en su uso de la tecnología. Promovamos el uso responsable de las pantallas, respetando a los contactos en línea. Tenemos que enseñarles las posibles injusticias que pueden ocurrir a través del entorno digital y de los peligros como el ciberacoso.

- ☼ **Templanza:** intentemos fomentar su autorregulación sobre el tiempo que están frente a la pantalla estableciendo un horario adecuado para su uso, y así fomentar su autocontrol. Ayudémosles a reconocer los riesgos de la tecnología y que compartan sus inquietudes, así como que busquen el apoyo oportuno cuando sea necesario. Debemos enseñarles a ser precavidos a la hora de compartir determinada información personal, así como imágenes comprometedoras.

- ☼ **Trascendencia:** podemos potenciar los valores personales y la reflexión a través de la tecnología si identificamos las ventajas del entorno digital para poder hacer un uso óptimo de este de manera productiva; sobre todo si hacemos un uso de la tecnología entretenido.

Al trabajar estas virtudes, los menores aprenden un empleo más responsable y saludable de la tecnología, evitando la adicción y sus efectos negativos en su salud mental.

¿CUÁNDO Y CÓMO TENEMOS QUE EMPEZAR A HABLAR DE ESTOS TEMAS CON ELLOS?

La educación en valores debe comenzar a edades tempranas, pero en lo que concierne al uso de las nuevas tecnologías, consideramos que cuanto antes, mejor. Ayudar a un adolescente a no desarrollar un uso abusivo o adictivo de las pantallas puede suponer un gran reto como educadores.

A continuación, se presentan una serie de actuaciones que pueden ser útiles para promover un uso correcto del entorno digital y prevenir la adicción al mismo.

CLAVES PRÁCTICAS EN CASA	
Con estos consejos podremos ayudar a que nuestros hijos hagan un uso más responsable de las pantallas.	☼ Fomentemos la comunicación involucrando a toda la familia, intentando hablar de todo con ellos, con confianza, y haciéndoles ver los riesgos y beneficios de las tecnologías. ☼ Mantengamos una escucha activa sobre sus preocupaciones, miedos, ilusiones y opiniones acerca de las pantallas. ☼ Brindemos apoyo emocional: ayudémosles a desarrollar habilidades emocionales y a lidiar con situaciones como la soledad, la ansiedad o el malestar. ☼ Hablemos de manera natural de los peligros que puede tener Internet si no tomamos medidas de protección de igual manera que lo hacemos con los peligros de la carretera. ☼ Recordemos que cada hijo es único y diferente, por lo que es importante adaptar estas pautas a sus necesidades individuales. ☼ Planeemos momentos y espacios sin dispositivos electrónicos. Por ejemplo, el momento de la cena es para compartir las actividades realizadas durante el día. ☼ Busquemos y compartamos actividades con nuestros hijos al aire libre y actividades de ocio que no necesiten el uso de pantallas.

CLAVES PRÁCTICAS EN CASA

	☼ Fomentemos actividades que involucren a nuestros hijos y a las que puedan ir acompañados de sus amigos, yendo al parque, organizando meriendas o excursiones.
	☼ Seamos un buen modelo a seguir. Los padres deben dar ejemplo, limitando su tiempo con el entorno digital y realizando otro tipo de actividades beneficiosas para sus hijos.
	☼ Establezcamos unas reglas claras y horarios fijos de uso de los dispositivos que serán llevados a cabo por todos los miembros de la familia.
	☼ Utilicemos herramientas de control parental para supervisar y restringir ciertas webs o *apps* de contenido dañino.
	☼ Supervisemos el contenido que están viendo, y si ven algo que es inapropiado hagámoselo saber.
	☼ Mantengamos un equilibrio entre las normas fijas y el ir aportando cierta autonomía para que los menores puedan tomar decisiones responsables sobre su uso de la tecnología.
Consejos que podemos ofrecer a los hijos fomentando una comunicación eficaz:	⚘ Investiga sobre las tecnologías que utilizas, sus ventajas y desventajas. ⚘ Toma conciencia de los riesgos y cómo evitarlos. ⚘ Toma conciencia de qué tipo de tecnologías te generan más preocupación. ⚘ Define un horario con nuestra ayuda para el uso de dispositivos y establece límites de tiempo para actividades en línea, especialmente si eres propenso a pasar mucho tiempo en la pantalla. ⚘ Programa períodos de tiempo de desconexión digital. Estos momentos permiten descansar y conectarse con la realidad sin distracciones electrónicas. ⚘ Asegúrate de configurar la privacidad de tus cuentas y dispositivos. Utiliza contraseñas seguras y no compartas información privada. Sé consciente de los riesgos de compartir información. ⚘ No toleres ni participes en situaciones a través de la red en la que te hagan daño o se dañe a otra persona. Di «no» al ciberacoso y denúncialo. ⚘ No te creas todo lo que veas *online* o te digan. ⚘ Desarrolla el pensamiento crítico.

114

CLAVES PRÁCTICAS EN CASA

⚄ Antes de meterte en alguna *app* o página web, lee reseñas y los términos de servicio.

⚄ Dedica tiempo a actividades físicas, sociales y de ocio sin pantallas.

⚄ Habla con tu familia. Somos los que mejor te conocemos y podemos saber por lo que estás pasando.

¿CÓMO PODEMOS MEJORAR LA COMUNICACIÓN CON NUESTROS HIJOS?

Si conocemos de cerca la realidad de nuestros hijos, podremos detectar esas señales de que algo está cambiando, o incluso empeorando, por lo que debemos estar atentos con relación a la posible aparición de un uso abusivo o adictivo de la tecnología.

Por eso, ofrecemos un ejemplo de lo que puede ser interesante a la hora de hablar de la tecnología con sus hijos, intentando aclarar todas las dudas que les puedan surgir, y añadir guías que consideremos importantes.

Para niños

Mamá, ¿cómo uso las tecnologías correctamente?

Vamos a hablar sobre cómo podemos usar las nuevas tecnologías, como teléfonos móviles, tabletas y videoconsolas de manera correcta. Estas son herramientas geniales que nos permiten aprender y divertirnos, pero también es importante usarlas de manera inteligente y segura. ¿Cómo lo podemos hacer?:

🎮 Pide permiso a un adulto de confianza antes de usar cualquier dispositivo electrónico como tus papás o tus maestros.

🎮 Hay tiempo para todo; es importante no pasar demasiado tiempo frente a las pantallas. También tienes que jugar al aire libre, leer, pintar, jugar con los juguetes y pasar tiempo con tus amigos y familiares.

🎮 Nunca compartas tu nombre completo o tu dirección de casa por Internet. Es importante mantener esa información en secreto. Tampoco compartas imágenes ni vídeos comprometidos sobre ti o de otras personas.

🎮 Si tienes contraseña para acceder a tus dispositivos, no la compartas con nadie, ¡ni siquiera con tus amigos!

🎮 Si ves algo que te parece extraño o que no te gusta, díselo a tus padres o profesores, ellos te ayudarán.

🎮 La tecnología puede ser muy divertida y fascinante. Puedes investigar sobre dinosaurios, animales, personajes de dibujos o aprender idiomas.

Para adolescentes

Es una realidad que los adolescentes conviven con las nuevas tecnologías. Es fundamental que aprendan a hacer un uso responsable y que sean conscientes de lo que supone un uso indebido y otras determinadas conductas que pueden llevarlos a no poner límites.

Como adolescente, presta atención a los siguientes puntos que te planteamos.

¿A qué señales debo prestar atención?

Algunas de las señales que pueden indicarte que no estás haciendo un uso sano de las pantallas son las siguientes:

🔭 Usas mucho la tecnología: pasas mucho tiempo frente a la pantalla y te cuesta desconectarte, incluso llegas a enfadarte si te decimos que apagues el dispositivo.

🔭 Tienes cambios en tu forma de ser: puedes estar más enfadado, irritable, no quieres quedar con amigos, puedes tener problemas para dormir, tienes pesadillas, has dejado de hacer cosas que antes te encantaban, o incluso respondes mal a tus amigos, a tus hermanos o a nosotros.

🔭 Descuidas tus responsabilidades: dejas de lado los deberes, las tareas de casa, o incluso actividades sociales o *hobbies*.

👀 Te preocupas constantemente por las redes sociales: no paras de mirar si aumentan tu número de *likes,* seguidores, respuestas o las visualizaciones que ha tenido tu fotografía o comentario.

👀 Tienes problemas con tus amigos y familia: al pasar mucho tiempo conectado te estás alejando de tus amigos y familiares, y has llegado a tener algún que otro conflicto por ello.

👀 Pierdes el interés en actividades que antes te gustaban: prefieres estar conectado a participar en tus distintos *hobbies.* De hecho, las pantallas son tu entretenimiento principal.

👀 Cuando no estás conectado puedes sentir como un aumento de nerviosismo, tristeza, agobio o como que te falta algo.

👀 ¿Te controlas?: Tienes la sensación de que tienes el autocontrol, pero luego te das cuenta de que te cuesta cumplir los límites que te ponen en el instituto o en casa. Es como un impulso.

👀 No sabes si lo que compartes o haces en Internet está bien o no; por supuesto, nunca envíes información personal, fotos íntimas o realices comportamientos peligrosos o que puedan hacer daño a alguien.

👀 Si todavía tienes dudas, habla con nosotros, con tus hermanos, profesores u orientadores del colegio. Ellos te pueden ayudar.

Quiero hablar con mis padres, pero no sé cómo

Puedes ofrecer a tu hijo los siguientes consejos si ves que tiene problemas a la hora de comunicarte algún problema que puede creer tener.

A veces puede ser difícil plantearles determinadas situaciones que nos pasan a nuestros padres. Sin duda, una buena comunicación es la mejor arma que tenemos para defendernos. Comparte y cuéntales lo que te preocupa. Aquí tienes un ejemplo:

Consejos previos:

1. *Elige un momento en el que tus padres puedan prestarte atención de manera sencilla.*
2. *Te puede resultar más sencillo hablar con uno de ellos.*

Aquí tienes un ejemplo de una posible conversación con ellos:

Tú: Hola, ¿puedo hablar contigo sobre algo que me preocupa?

Madre o Padre: Claro, cariño, ¿qué pasa?

T: Bueno, últimamente he estado pensando mucho en mi uso de las redes sociales, y tengo algunas preocupaciones al respecto.

M/P: Y, ¿qué te preocupa?

T: Me he dado cuenta de que paso mucho tiempo con las pantallas, y a veces siento que me absorben. Creo que me está afectando en el instituto y con mis amigos. Aunque luego veo que algunos también pasan mucho tiempo enganchados.

M/P: Es valiente que compartas esto conmigo. Entiendo tu preocupación. ¿Puedes explicarme más sobre cómo te has sentido?

T: A veces me rayo por lo que otros piensan de mis publicaciones, cuántos «me gusta» tengo, qué están haciendo mis amigos en línea o por qué yo no tengo una vida así con esos viajes y fiestas. Quiero que no me preocupe tanto estas cosas, me cabrea esta situación.

M/P: Es importante que seas consciente de cómo te sientes con todo esto. Estamos aquí para apoyarte y ayudarte. Podemos buscar a un experto que nos ayude a buscar una solución juntos para hacer que no te preocupen tanto esas cosas.

Este ejemplo de conversación muestra que estás siendo consciente de tu situación y que estás dispuesto a buscar una solución, pero que necesitas ayuda.

¿CÓMO ME VAN A AYUDAR?

El objetivo principal de la intervención psicológica con niños y adolescentes que presentan problemas con las nuevas tecnologías, como el uso excesivo de dispositivos electrónicos, adicción a los videojuegos, o comportamientos problemáticos en línea, es enseñar a desarrollar un uso correcto y saludable de la esfera digital.

Para ello, el profesional necesita comprender qué les pasa para poderles ayudar de manera personalizada, de acuerdo con lo que a ti te pasa y lo que tú necesitas. Algunas preguntas y reflexiones importantes:

🔭 ¿Cómo te sientes?

🔭 ¿Qué ha cambiado en ti?

🔭 ¿Qué te preocupa?

Es muy importante que se cree un ambiente de confianza con tu profesional, con el que puedas compartir tus preocupaciones o situaciones que puedan surgir.

Recuerda: tienen que guardar secreto profesional.

Los objetivos específicos que van a trabajar abarcan las siguientes áreas:

1. El manejo correcto de las nuevas tecnologías es esencial para aprovechar sus beneficios mientras se evitan los posibles problemas y riesgos asociados.
2. Enseñar estrategias de autorregulación y establecer rutinas saludables.
3. Aprender a identificar las señales previas para afrontar situaciones concretas que te preocupan o te hacen sentir mal.
4. Ayudar a manejar tus pensamientos.
5. Volver a retomar tus relaciones sociales y disfrutar de nuevo de tus *hobbies*.
6. Mejorar la relación con la familia.
7. Afrontar las situaciones que pueden ser perjudiciales.
8. Usar la tecnología de manera beneficiosa.
9. Conocerte mucho más y mejor, y sacar todo tu potencial.

Estos puntos se adaptarán a las necesidades de cada adolescente, dependiendo de las causas y toda la información que se comparta con el profesional, porque cada persona es diferente. Además, es posible trabajar en colaboración con distintos profesionales de la salud. Cuanto antes recibas apoyo, más efectiva será la ayuda.

ACTIVIDAD PARA PENSAR

1. ¿Cómo podría fomentar los valores que protegen a mis hijos de posibles adicciones, no solo las digitales?
2. ¿He tratado de explicarle a mis hijos cómo deben usar las pantallas para evitar potenciales peligros?

3. ¿Cómo lo haría con mis hijos más pequeños? ¿Y con mis hijos adolescentes?
4. ¿He reaccionado adecuadamente cuando alguno de mis hijos se ha acercado a mí solicitando ayuda sobre cómo entrar en una red social o comenzar un videojuego?
5. ¿Cuántas veces me he sentado con mis hijos para hablar de los riesgos y potenciales peligros para ellos del entorno web?
6. En caso de que detectase algún comportamiento problemático, ¿cómo podría planteárselo a mis hijos para obtener toda la información necesaria y saber si debo buscar ayuda profesional?

13. RECURSOS ÚTILES DE AYUDA

Carlos Monfort Vinuesa y Esther Rincón Fernández

Para poder obtener información de los diferentes recursos a los que se puede recurrir, así como orientación, apoyo psicológico, escucha y contención cuando existe una adicción, puede ponerse en contacto con: SIOF (atención a nivel nacional), teléfono gratuito 900161515 de lunes a viernes no festivos de 9:00 a 21:00 horas, y también mediante WhatsApp en el 681 155 160.

Otros recursos donde encontrar información

Libros

Arias, F. y Orio, L. (2023). *Guía clínica sobre adicciones comportamentales basada en la evidencia.* Socidrogalcohol. https://socidrogalcohol.org/wp-content/uploads/2024/02/Guia_Adicciones_Comportamentales_completa-1.pdf

Cánovas, G. (2015). *Cariño, he conectado a los niños.* Bilbao: Ediciones Mensajero.

Cubillo Estívariz, T. (2021). *Tratamientos para distintos tipos de adicciones y recursos donde acudir.* CEAPA. https://pnsd.sanidad.gob.es/profesionales/publicaciones/catalogo/bibliotecaDigital/publicaciones/pdf/2021/CEAPA_Tratamientos_y_recursos.pdf

Kutscher, M. L. (2018). *Niños conectados: cómo conseguir equilibrar el tiempo que pasan ante las pantallas y por qué esto es importante.* Bilbao: Ediciones Mensajero.

L'Ecuyer, C. (2013). *Educar en el asombro.* Plataforma Actual.

López-Fernández, O. (ed.) (2021). *Internet and smartphone use-related addiction health problems: Treatment, education and research.* MDPI. https://doi.org/10.3390/books978-3-0365-1275-4

Ramón Fernández, F. (2021). *Menores de edad, integración social y entorno digital: garantías y derechos en la sociedad de las nuevas tecnologías de la información y comunicación.* Valencia: Editorial Universitat Politècnica de València.

Rojas Estapé, M. (2024). *Recupera tu mente, reconquista tu vida.* Espasa.

Villar Cabeza, F. y Sanchis, D. (2023). *Cómo las pantallas devoran a nuestros hijos.* Herder.

Informes y otros documentos

Adolescencia Libre de Móviles (2024). https://adolescencialibredemoviles.es/ *«Despantallados: Por una infancia y juventud libre y saludable»*. https://adolescencialibredemoviles.es/pdf/Despantallados-AteneodeMadrid-240227.pdf

Agencia Española de Proteción de Datos (2022). *Más que un móvil: la guía que no viene con el móvil:* Agencia Española de Protección de Datos (AEPD) y UNICEF España. https://www.aepd.es/guias/la-guia-que-no-viene-con-el-movil.pdf

Almeida, C., Ríos, J. y Santos, E. (2022). *Impacto de las pantallas en la vida de la adolescencia y sus familias en situación de vulnerabilidad social: realidad y virtualidad.* Cáritas Española. Recuperado de: https://www.caritas.es/main-files/uploads/2022/02/RESUMEN-EJECUTIVO-ADICCIONES-WEB.pdf

Amnistía Internacional (2023). *Empujados a la oscuridad: El feed «Para ti» de TikTok fomenta la autolesión y la ideación suicida.* https://www.amnesty.org/es/documents/pol40/7350/2023/es/

Andrade, B., Guadix, I., Rial, A. y Suárez, F. (2021). *Impacto de la tecnología en la adolescencia. Relaciones, riesgos y oportunidades.* Madrid: UNICEF España. https://www.unicef.es/publicacion/impacto-de-la-tecnologia-en-la-adolescencia

Asociación Americana de Psiquiatría (s.f.). Plan familiar de uso de pantallas. Extraído de https://www.healthychildren.org/Spanish/family-life/Media/Paginas/how-to-make-a-family-media-use-plan.aspx

Anteproyecto de Ley Orgánica para la Protección de las Personas Menores de Edad en los Entornos Digitales (2024). https://www.rtve.es/noticias/20240604/ley-proteccion-menores-entornos-digitales-claves/16131836.shtml

Consejería de Políticas Sociales y Familia. Dirección General de la Familia y el Menor (2017). *Aprender a convivir con las pantallas. ¿Le dejo la tablet a mis hijos?* Extraído de https://www.madrid.org/bvirtual/BVCM014077.pdf

Cyber Guardians (2024). *Healthier digital lives.* https://www.cyber-guardians.org/wp-content/uploads/2024/02/CyberGuardians_Research_Briefing_2024.pdf https://www.cyber-guardians.org/es/knowledge-hub/

Estefanell, L., UNICEF, Ceibal y Administración Nacional de Educación Pública (ANEP) (2021). *Pantallas en casa. Orientaciones para acompañar una navegación segura en Internet. Guía para las familias.* Extraído de https://www.unicef.org/uruguay/informes/pantallas-en-casa

Megías, I. (2024). *Desde el lado oscuro de los hábitos tecnológicos: riesgos asociados a los usos juveniles de las TIC.* Madrid: Centro Reina Sofía, Fundación Fad Juventud. Extraído de https://www.centroreinasofia.org/publicacion/desde-el-lado-oscuro-de-los-habitos-tecnologicos/

Ministerio de Juventud e Infancia (2024). *Informe para el desarrollo de un entorno digital seguro para la juventud y la infancia.* https://www.juventudeinfancia.gob.es/sites/default/files/noticias/Informe%20del%20comit%C3%A9%20de%20personas%20expertas%20para%20el%20desarrollo%20de%20un%20entorno%20digital%20seguro%20para%20la%20juventud%20y%20la%20infancia.pdf

The U. S. Surgeon General's Advisory (2023). *Social media and youth mental health*. Extraído de https://www.hhs.gov/sites/default/files/sg-youth-mental-health-social-media-advisory.pdf

UNICEF España, Universidad de Santiago de Compostela y Consejo General de Colegios Profesionales de Ingeniería en Informática (2021). *Impacto de la tecnología en la adolescencia. Relaciones, riesgos y oportunidades. Un estudio comprensivo e inclusivo hacia el uso saludable de las TRIC*. Extraído de https://www.unicef.es/publicacion/impacto-de-la-tecnologia-en-la-adolescencia

Páginas web para ampliar información y documentales

— Adictos a las pantallas (2018). *Las consecuencias para el desarrollo cerebral y la ética de la tecnología.* https://youtu.be/XTB9sjncFFg?si=2wrqKpRN_FMxigkU
— Angelini, G. y Jones, A. (2024). *La red antisocial: de los memes al caos.* Netflix.
— Antena3 (2021). *Adictos a la pantalla.* (Historia de tres jóvenes con una grave adicción a las pantallas). https://www.atresplayer.com/lasexta/documentales/adictos-a-las-pantallas/
— Antena3 (2024). *Porno, menores y manadas.* AtresPlayer. https://www.atresplayer.com/antena3/programas/lo-tenemos-que-hablar/temporada-1/porno-menores-y-manadas_65c37285059fb0e4f34967af/
— Asociación Americana de Psiquiatría. Center of Excellence on Social Media and Youth Mental Health:
  https://www.aap.org/en/patient-care/media-and-children/center-of-excellence-on-social-media-and-youth-mental-health/
— Asociación Española de Pediatría:
  https://plandigitalfamiliar.aeped.es/
— Asociación Española de Psiquiatría de la Infancia y la Adolescencia (AEPNYA):
  https://adolescencialibredemoviles.es/pdf/Nota-de-Prensa-AEPNYA-Recomendaciones-de-Uso-de-NNTT.pdf
— Ayuntamiento de Madrid:
  https://serviciopad.es/
— Common sense (asociación sin ánimo de lucro):
  https://www.commonsensemedia.org/es/
— Comunidad de Madrid:
  https://www.comunidad.madrid/servicios/servicios-sociales/servicio-psicopedagogico-intervencion-especializada-adicciones-nuevas-tecnologias-adolescentes-familias
— Documentos TV (2008). *Enganchados.* RTVE. https://youtu.be/EA4jWoYSR_8?si=qacVgFj2ZHnErjg6
— Documentos TV (2013). *Ojo con tus datos.* RTVE. https://youtu.be/uVIqRe02H4s?si=MlayfolnS6AgnlBY
— Documentos TV (2018). *Cuando la red no es social.* RTVE. https://www.youtube.com/live/fkFhGUXZlGY?si=u4x-P4o1ihzwxXKe
— Documentos TV (2022). *Jóvenes en riesgo.* RTVE. https://youtu.be/h7qvj4DW2mI?si=q9xd8UJDhVKyZ6Jd
— Documentos TV (2023). *Desaparece de Internet.* RTVE. https://youtu.be/D6MWDJ8pirc?si=VeQhHx0z9ydLNA51

123

- Fundación Fad Juventud:
  https://fad.es/colabora/adolescencia-y-juventud/
- Fundación Universitaria San Pablo-CEU:
  #CEUTalksPantallas - mesa redonda: niños y pantallas. ¿Qué estamos haciendo?
  https://www.youtube.com/live/Ap1-H9I2SII?feature=shared
- Guía de herramientas de control parental #PantallasMásSeguras:
  https://bienestaryproteccioninfantil.es/guia-de-herramientas-de-control-parental/
- Harris, T. (2017). *How a handful of tech companies control billions of minds every day*. https://youtu.be/C74amJRp730?si=XyDd-ujPnGPMhy2O
- Harris, T. (2023). *I'm not afraid. You're afraid.* | Nobel Prize Summit 2023. https://youtu.be/6lVBp2XjWsg?si=LDBLkoLp5KohSy1Y
- Instituto Nacional de Seguridad. Catálogo de herramientas de control parental: https://www.incibe.es/menores/recursos/control-parental/
- La Sexta (2024). *Redes sociales: la fábrica del terror*. AtresPlayer. https://www.atresplayer.com/lasexta/programas/salvados/temporada-21/redes-sociales-la-fabrica-del-terror-parte-1_670943f6c4c9b0e4a733c6d9/
- Lozano, M. (dir.) (2021). *PornoXplotación*. https://www.rtve.es/play/videos/pornoxplotacion/
- Organización Mundial de la Salud (OMS):
  https://www.who.int/es/news/item/24-04-2019-to-grow-up-healthy-children-need-to-sit-less-and-play-more
- Orlowski, J. (dir.) (2020). *El dilema de las redes*. Netflix.
- Pantallas amigas:
  https://www.pantallasamigas.net/podcast-educacion-ciudadania-bienestar-digital/
- RTVE (2019). *Niños frente a las pantallas*. La noche temática. https://www.rtve.es/play/videos/la-noche-tematica/ninos-frente-pantallas/7014326/
- RTVE (2022). *#Happy: la dictadura de la felicidad en las redes sociales*. La noche temática. https://www.rtve.es/play/videos/la-noche-tematica/happy-dictadura-felicidad-redes-sociales/6395182/
- RTVE (2024). La trampa del clic. Documaster. https://www.rtve.es/play/videos/documaster/trampa-clic/16325219
- Unicef:
  https://www.unicef.es/infancia-tecnologia
- Universitat Abat Oliba CEU. Diálogos de Bellesguard:
  Abuso de pantallas en menores: repercusiones médicas y psicológicas. https://www.youtube.com/live/pKJxjwfbWHQ?si=Az7fR9qyU4pmgFg6

Cursos gratuitos

- Campus FAD:
  https://www.campusfad.org/
- Plan Nacional sobre Drogas. Agenda de cursos:
  https://pnsd.sanidad.gob.es/noticiasEventos/agenda/

14. REFERENCIAS

1. American Psychiatric Association (2022). *Diagnostic and statistical manual of mental disorders. 5th edition, text revision (DSM-5-TR)*, American Psychiatric Publishing.
2. World Health Organization (2022). *ICD-11: International classification of diseases.* https://www.who.int/standards/classifications/classification-of-diseases
3. Kuss, D. J., Kardefelt-Winther, D. y Billieux, J. (2020). Historical context and upcoming developments in digital technologies. En M. N. Potenza, K. A. Faust y D. Faust (eds.), *The Oxford handbook of digital technologies and mental health* (pp. 2-17). Oxford University Press. https://doi.org/10.1093/oxfordhb/9780190218058.013
4. Amichai-Hamburger, Y. y Hayat, Z. (2011). The impact of the Internet on the social lives of users: A representative sample from 13 countries. *Computers in Human Behavior, 27*(1), 585-589. https://doi.org/10.1016/j.chb.2010.10.009
5. Carbonell, X., Carmona, A. y Rabadan, J. L. (2023). Nosología de las adicciones comportamentales, características clínicas fundamentales. Estado actual del tema. En F. Arias y L. Orio (eds.), *Guía clínica sobre adicciones comportamentales basada en la evidencia* (pp. 13-38). Socidrogalcohol.
6. Young, K. S. (1998). Internet addiction: The emergence of a new clinical disorder. *Cyberpsychology & Behavior, 1,* 237-244. doi: 10.1089/cpb.1998.1.237
7. Yarnell-Mac Grory, S. y Potenza, M. N. (2020). Debates regarding the classification, categorization, and conceptualization of problematic Internet use and video gaming. En M. N. Potenza, K. A. Faust y D. Faust (eds.), *The Oxford handbook of digital technologies and mental health* (pp. 126-134). Oxford University Press. https://doi.org/10.1093/oxfordhb/9780190218058.013.12
8. Megías, I. (2024). *Desde el lado oscuro de los hábitos tecnológicos: riesgos asociados a los usos juveniles de las TIC.* Madrid: Centro Reina Sofía, Fundación Fad Juventud. https://doi.org/10.5281/zenodo.10580052
9. Durkee, T., Kaess, M., Carli, V., Parzer, P., Wasserman, C., Floderus, B., Apter, A., Balazs, J., Barzilay, S., Bobes, J., Brunner, R., Corcoran, P., Cosman, D., Cotter, P., Despalins, R., Graber, N., Guillemin, F., Haring, C., Kahn, J. P., Mandelli, L., ... y Wasserman, D. (2012). Prevalence of pathological Internet use among adolescents in Europe: Demographic and social factors. *Addiction, 107*(12), 2210-2222. https://doi.org/10.1111/j.1360-0443.2012.03946.x
10. Observatorio Español de las Drogas y las Adicciones (2022). *Informe sobre trastornos comportamentales 2022: juego con dinero, uso de videojuegos y uso*

compulsivo de Internet en las encuestas de drogas y otras adicciones en España EDADES y ESTUDES. Madrid.

11. Samli, R. (2019). A review of Internet addiction on the basis of different countries (2007-2017). En I. Management Association (ed.), *Internet and technology addiction: Breakthroughs in research and practice* (pp. 23-43). IGI Global. https://doi.org/10.4018/978-1-5225-8900-6.ch002

12. Ang, R. P., Chong, W. H., Chye, S. y Huan, V. S. (2012). Loneliness and generalized problematic Internet use: Parents' perceived knowledge of adolescents' online activities as a moderator. *Computers in Human Behavior, 28,* 1342-1347.

13. Cheung, L. M. y Wong, W. S. (2011). The effects of insomnia and Internet addiction on depression in Hong Kong Chinese adolescents: An exploratory cross-sectional analysis. *Journal of Sleep Research, 20,* 311-317.

14. Dalbudak, E., Evren, C., Aldemir, S., Coskun, K. S., Ugurlu, H. y Yildirim, F. G. (2013). Relationship of Internet addiction severity with depression, anxiety, and alexithymia, temperament and character in university students. *Cyberpsychology, Behavior and Social Networking, 16*(4), 272-278. https://doi.org/10.1089/cyber.2012.0390

15. Kuss, D. J., Griffiths, M. D. y Binder, J. F. (2013). Internet addiction in students: Prevalence and risk factors. *Computers in Human Behavior, 29,* 959-966.

16. Kuss, D. J., Van Rooij, A., Shorter, G. W., Griffiths, M. D. y Van de Mheen, D. (2013). Internet addiction in adolescents: Prevalence and risk factors. *Computers in Human Behavior, 29,* 1987-1996.

17. Kuss, D. J., Shorter, G. W., Van Rooij, A. J., Griffiths, M. D. y Schoenmakers, T. (2014). Assessing Internet addiction using the parsimonious Internet addiction components model: A preliminary study. *International Journal of Mental Health and Addiction, 12,* 351-366.

18. Kuss, D. J. y Griffiths, M. D. (2012). Internet and gaming addiction: A systematic literature review of neuroimaging studies. *Brain Sciences, 2,* 347-374.

19. Morrison, C. M. y Gore, H. (2010). The relationship between excessive Internet use and depression: A questionnaire-based study of 1.319 young people and adults. *Psychopathology, 43*(2), 121-126. https://doi.org/10.1159/000277001

20. Brand, M., Young, K. S. y Laier, C. (2014). Prefrontal control and Internet addiction: A theoretical model and review of neuropsychological and neuroimaging findings. *Frontiers in Human Neuroscience, 8*(375), 1-13. https://doi.org/10.3389/fnhum.2014.00375

21. García-Jiménez, A., López-de-Ayala, M. C. y Montes-Vozmediano, M. (2020). Características y percepciones sobre el uso de las plataformas de redes sociales y dispositivos tecnológicos por parte de los adolescentes. *Zer, 25*(48), 269-286. https://doi.org/10.1387/zer.21556

22. Reid Chassiakos, Y., Radesky, J., Christakis, D., Moreno, M. A., Cross, C. y AAP Council on Communications and Media (2016). Children and adolescents and digital media. *American Academy of Pediatrics, 138*(5), e20162593. https://doi.org/10.1542/peds.2016-2593

23. Ballesta-Pagán, F. J., Lozano-Martínez, J., Cerezo-Máiquez, M. C. y Castillo-Reche, I. S. (2021). Participación en las redes sociales del alumnado de educación

secundaria. *Educación XX1, 24*(1), 141-162. http://doi.org/10.5944/edu-cXX1.26844

24. Observatorio Nacional de Tecnología y Sociedad [ONTSI] (2022). *Beneficios y riesgos del uso de Internet y las redes sociales.* Ministerio de Asuntos Económicos y Transformación Digital. https://www.ontsi.es/sites/ontsi/files/2022-03/beneficios_riesgos_uso_internet_redessociales_2022.pdf [Doi: 10.30923/094-22-009-2]

25. Qustodio (2022). *From alpha to z: Raising the digital generations.* https://static.qustodio.com/publicsite/uploads/2023/02/06151022/ADR_2023

26. Instituto Nacional de Estadística [INE]. (2022). *Encuesta sobre equipamiento y uso de tecnologías de información y comunicación (TIC) en los hogares: año 2022.* https://www.ine.es/prensa/tich_2022.pdf

27. Aichner, T., Grünfelder, M., Maurer, O. y Jegeni, D. (2021). Twenty-five years of social media: A review of social media applications and definitions from 1994 to 2019. *Cyberpsychology, Behavior, and Social Networking, 24*(4), 215-222. https://doi.org/10.1089/cyber.2020.0134

28. Pereira, R. (comp.). (2011). *Adolescentes en el siglo xxi: entre impotencia, resiliencia y poder.* Ediciones Morata.

29. Valkenburg, P. M., Koutamanis, M. y Vossen, H. G. M. (2017). The concurrent and longitudinal relationships between adolescents' use of social network sites and their social self-esteem. *Computers in Human Behavior, 76,* 35-41. http://dx.doi.org/10.1016/j.chb.2017.07.008

30. García-Ruiz, R., Tirado, R. y Hernando, Á. (2018). Redes sociales y estudiantes: motivos de uso y gratificaciones. Evidencias para el aprendizaje. *Aula Abierta, 47*(3), 291-298. https://doi.org/10.17811/rifie.47.3.2018.291-298

31. García-Jiménez, A., Catalina-García, B. y Tur-Viñes, V. (2021). Diferencias de edad y género en el uso y consumo de medios sociales entre los adolescentes. *AdComunica, 22,* 211-234. http://dx.doi.org/10.6035/2174-0992.2021.22.12

32. Martín, R. (2020). Identidad e imagen de la infancia y la adolescencia en las redes sociales. En M. Römer-Pieretti, B. Catalina-García y A. García-Jiménez (eds.), *Creciendo en un mundo virtual: cómo actuar ante la realidad digital* (pp. 104-114). Ommpress Educación.

33. Garmendia, M., Jiménez, E., Casado, M. A. y Mascheroni, G. (2016). *Net children go mobile: riesgos y oportunidades en Internet y el uso de dispositivos móviles entre menores españoles (2010-2015).* https://www.ontsi.es/es/publicaciones/NetChildren-Go-Mobile

34. Golpe, S., Gómez, P., Harris, S. K., Braña, T. y Rial, A. (2017). Diferencias de sexo en el uso de Internet en adolescentes españoles. *Psicología Conductual, 25*(1), 129-146.

35. Fernández de Arroyabe, A., Lazkano, I. y Eguskiza, L. (2018). Consumo y creación audiovisual en euskera de los adolescentes gipuzkoanos: sobrevivir en un contexto digital dominado por lenguas hegemónicas. *European Public & Social Innovation Review, 3*(1), 82-94.

36. Ak, Ş., Koruklu, N. y Yilmaz, Y. (2013). A study on Turkish adolescent's Internet use: Possible predictors of Internet addiction. *Cyberpsychology, Behavior, and Social Networking, 16*(3), 205-209. https://doi.org/10.1089/cyber.2012.0255

37. Tejada, E., Castaño, C. y Romero, A. (2019). Los hábitos de uso en las redes sociales de los preadolescentes. *RIED. Revista Iberoamericana de Educación a Distancia, 22*(2), 119-133. http://dx.doi.org/10.5944/ried.22.2.23245

38. Vogels, E. A., Gelles-Watnick, R. y Massarat, N. (2022). *Teens, social media and technology 2022*. Pew Research Center. https://www.pewresearch.org/internet/2022/08/10/teens-social-media-and-technology-2022/

39. We Are Social y Meltwater (2023). *Digital 2023: Spain: The essential guide to the latest connected behaviours*. https://wearesocial.com/wp-content/uploads/2023/03/Digital-2023-Spain.pdf

40. Haz, L. Dávila, A., Domínguez, M. y Campuzano, M. G. (2022). Intervención didáctica para minimizar la ciber victimización de adolescentes. *Pro Sciences: Revista de Producción, Ciencias e Investigación, 6*(45), 119-135. https://doi.org/10.29018/issn.2588-1000vol6iss45.2022pp119-135

41. Van Geel, M., Vedder, P. y Tanilon, J. (2014). Relationship between peer victimization, cyberbullying, and suicide in children and adolescents: A meta-analysis. *JAMA Pediatrics, 168*(5), 435-442. https://doi.org/10.1001/jamapediatrics.2013.4143

42. Zhu, C., Huang, S., Evans, R. y Zhang, W. (2021). Cyberbullying among adolescents and children: A comprehensive review of the global situation, risk factors, and preventive measures. *Frontiers in Public Health, 9,* 634909. https://doi.org/10.3389/fpubh.2021 634909

43. Giumetti, G. W. y Kowalski, R. M. (2022). Cyberbullying via social media and well-being. *Current Opinion in Psychology, 45,* 101314. https://doi.org/10.1016/j.copsyc

44. Save the Children (2019). *Grooming. Qué es, cómo detectarlo y prevenirlo.* https://www.savethechildren.es/actualidad/grooming-que-es-como-detectarlo-y-prevenirlo

45. Sun, Y. y Zhang, Y. (2021). A review of theories and models applied in studies of social media addiction and implications for future research. *Addictive Behaviors, 114,* 106699. https://doi.org/10.1016/j.addbeh.2020.106699

46. Fabris, M. A., Marengo, D., Longobardi, C. y Settanni, M. (2020). Investigating the links between fear of missing out, social media addiction, and emotional symptoms in adolescence: The role of stress associated with neglect and negative reactions on social media. *Addictive Behaviors, 106,* 106364. https://doi.org/10.1016/j.addbeh.2020.106364

47. Buglass, S. L., Binder, J. F., Betts, L. R. y Underwood, J. D. M. (2017). Motivators of online vulnerability: The impact of social network site use and FOMO. *Computers in Human Behavior, 66,* 248-255. https://doi.org/10.1016/j.chb.2016.09.055

48. Przybylski, A. K., Murayama, K., DeHaan, C. R. y Gladwell, V. (2013). Motivational, emotional, and behavioral correlates of fear of missing out. *Computers in Human Behavior, 29*(4), 1841-1848. http://dx.doi.org/10.1016/j.chb.2013.02.014

49. Santos, R. M. S., Mendes, C. G., Sen Bressani, G. Y., de Alcantara Ventura, S., de Almeida Nogueira, Y. J., de Miranda, D. M. y Romano-Silva, M. A. (2023).

The associations between screen time and mental health in adolescents: A systematic review. *BMC Psychology, 11*(127). https://doi.org/10.1186/s40359-023-01166-7

50. Keles, B., McCrae, N. y Grealish, A. (2020). A systematic review: The influence of social media on depression, anxiety and psychological distress in adolescents. *International Journal of Adolescence and Youth, 25*(1), 79-93. https://doi.org/10.1080/02673843.2019.1590851

51. Kidokoro, T., Shikano, A., Tanaka, R., Tanabe, K., Imai, N. y Noi, S. (2022). Different types of screen behavior and depression in children and adolescents. *Frontiers in Pediatrics, 9,* 822603. https://doi.org/10.3389/fped.2021.822603

52. McCrae, N., Gettings, S. y Purssell, E. (2017). Social media and depressive symptoms in childhood and adolescence: A systematic review. *Adolescent Research Review, 2,* 315-330. https://doi.org/10.1007/s40894-017-0053-4

53. McAllister, C., Hisler, G. C., Blake, A. B., Twenge, J. M., Farley, E. y Hamilton, J. L. (2021). Associations between adolescent depression and self-harm behaviors and screen media use in a nationally representative time-diary study. *Research on Child and Adolescent Psychopathology, 49,* 1623-1634. https://doi.org/10.1007/s10802-021-00832-x

54. Twenge, J. M., Joiner, T. E., Rogers, M. L. y Martin, G. N. (2018). Increases in depressive symptoms, suicide-related outcomes, and suicide rates among US adolescents after 2010 and links to increased new media screen time. *Clinical Psychological Science, 6*(1), 3-17. https://doi.org/10.1177/2167702 617723376

55. Kandola, A., del Pozo Cruz, B., Hayes, J. F., Owen, N., Dunstan, D. W. y Hallgren, M. (2022). Impact on adolescent mental health of replacing screen-use with exercise: A prospective cohort study. *Journal of Affective Disorders, 301,* 240-247. https://doi.org/10.1016/j.jad.2021.12.064

56. Brown, D. M. Y. y Kwan, M. Y. W. (2021). Movement behaviors and mental wellbeing: A cross-sectional isotemporal substitution analysis of Canadian adolescents. *Frontiers in Behavioral Neuroscience, 15,* 736587. https://doi.org/10.3389/fnbeh.2021.736587

57. Tromholt, M. (2016). The Facebook experiment: Quitting Facebook leads to higher levels of well-being. *Cyberpsychology, Behavior, and Social Networking, 19*(11), 661-666. https://doi.org/10.1089/cyber.2016.0259

58. Mason, G. M., Lokhandwala, S., Riggins, T. y Spencer, R. M. C. (2021). Sleep and human cognitive development. *Sleep Medicine Reviews, 57,* 101472. https://doi.org/10.1016/j.smrv.2021.101472

59. Bruni, O., Sette, S., Fontanesi, L., Baiocco, R., Laghi, F. y Baumgartner, E. (2015). Technology use and sleep quality in preadolescence and adolescence. *Journal of Clinical Sleep Medicine, 11*(12), 1433-1441. https://doi.org/10.5664/jcsm.5282

60. Gilchrist, J. D., Battista, K., Patte, K. A., Faulkner, G., Carson, V. y Leatherdale, S. T. (2021). Effects of reallocating physical activity, sedentary behaviors, and sleep on mental health in adolescents. *Mental Health and Physical Activity, 20,* 100380. https://doi.org/10.1016/j.mhpa.2020.100380

61. Lemola, S., Perkinson-Gloor, N., Brand, S., Dewald-Kaufmann, J. F. y Grob, A. (2015). Adolescents' electronic media use at night, sleep disturbance, and depressive symptoms in the smartphone age. *Journal of Youth and Adolescence, 44*(2), 405-418. https://doi.org/10.1007/s10964-014-0176-x

62. Lovato, N. y Gradisar, M. (2014). A meta-analysis and model of the relationship between sleep and depression in adolescents. Recommendations for future research and clinical practice. *Sleep Medicine Reviews, 18*(6), 521-529. https://doi.org/10.1016/j.smrv.2014.03.006

63. Nagata, J. M., Singh, G., Yang, J. H., Smith, N., Kiss, O., Ganson, K. T., Testa, A., Jackson, D. B. y Baker, F. C. (2023). Bedtime screen use behaviors and sleep outcomes: Findings from the Adolescent Brain Cognitive Development (ABCD) study. *Sleep Health: Journal of the National Sleep Foundation, 9,* 497-502. https://doi.org/10.1016/j.sleh.2023.02.005

64. Brautsch, L. A., Lund, L., Andersen, M. M., Jennum, P. J., Folker, A. P. y Andersen, S. (2023). Digital media use and sleep in late adolescence and young adulthood: A systematic review. *Sleep Medicine Reviews, 68,* 101742. https://doi.org/10.1016/j.smrv.2022.101742

65. Scott, H. y Woods, H. C. (2018). Fear of missing out and sleep: Cognitive behavioural factors in adolescents' nighttime social media use. *Journal of Adolescence, 68,* 61-65. https://doi.org/10.1016/j.adolescence.2018.07.009

66. Lin, S., Mastrokoukou, S. y Longobardi, C. (2023). Social relationships and social media addiction among adolescents: Variable-centered and person-centered approaches. *Computers in Human Behavior, 147,* 107840. https://doi.org/10.1016/j.chb.2023.107840

67. Challco, K. P., Rodríguez, S. y Jaimes, J. (2016). Riesgo de adicción a redes sociales, autoestima y autocontrol en estudiantes de secundaria. *Revista Científica de Ciencias de la Salud, 9*(1), 9-15. https://doi.org/10.17162/rccs.v9i1.542

68. Echeburúa, E. (2012). Factores de riesgo y factores de protección en la adicción a las nuevas tecnologías y redes sociales en jóvenes y adolescentes. *Revista Española de Drogodependencias, 4,* 435-448.

69. Geurts, S. M., Koning, I. M., Vossen, H. G. M. y Van den Eijnden, R. J. J. M. (2022). Rules, role models or overall climate at home? Relative associations of different family aspects with adolescents' problematic social media use. *Comprehensive Psychiatry, 116,* 152318. https://doi.org/10.1016/j.comppsych.2022.152318

70. Muñoz, N. E. y Ramírez, S. (2016). Adicción a las redes sociales y personalidad, en adolescentes. *PsicoEducativa: Reflexiones y Propuestas, 2*(4), 46-52.

71. Andreassen, C. S., Pallesen, S. y Griffiths, M. D. (2017). The relationship between addictive use of social media, narcissism, and self-esteem: Findings from a large national survey. *Addictive Behaviors, 64,* 287-293. https://doi.org/10.1016/j.addbeh.2016.03.006

72. Domínguez, J. A. e Ybañez, J. (2016). Adicción a las redes sociales y habilidades sociales en estudiantes de una institución educativa privada. *Propósitos y Representaciones, 4*(2), 181-230. http://dx.doi.org/10.20511/pyr2016.v4n2.122

73. Feng, J., Chen, J., Jia, L. y Liu, G. (2023). Peer victimization and adolescent problematic social media use: The mediating role of psychological insecurity and the moderating role of family support. *Addictive Behaviors, 144,* 107721. https://doi.org/10.1016/j.addbeh.2023.107721

74. Burnham, V. (2001). *Supercade, a visual history of the videogame age 1971-1984.* Cambridge: The MIT Press.

75. Storr, W. (2020). *The science of storytelling: Why stories make us human and how to tell them better.* Abrams.

76. Malone, T. W. (1981). Toward a theory of intrinsically motivating instruction. *Cognitive Science, 4,* 333-369.

77. Sherer, J. y Levounis, P. (2022). Technological addictions. *Current Psychiatry Reports, 24*(9), 399-406. https://doi.org/10.1007/s11920-022-01351-2

78. Asociación Española de Videojuegos (AEVI) (2023). *La industria del videojuego en España 2022.* Recuperado de: https://www.aevi.org.es/documentacion/estudios-y-analisis/

79. Unicef España (2021). *Impacto de la tecnología en la adolescencia. Relaciones, riesgos y oportunidades.* Recuperado de: https://www.unicef.es/publicacion/impacto-de-la-tecnologia-en-la-adolescencia

80. Statista (2023). *Video games: Market data & analysis.* Recuperado de: https://www.statista.com/study/39310/video-games/

81. Gentile, D. A., Bailey, K., Bavelier, D., Brockmyer, J. F., Cash, H., Coyne, S. M., Doan, A., Grant, D. S., Green, C. S., Griffiths, M., Markle, T., Petry, N. M., Prot, S., Rae, C. D., Rehbein, F., Rich, M., Sullivan, D., Woolley, E. y Young, K. (2017). Internet gaming disorder in children and adolescents. *Pediatrics, 140*(Suppl. 2), S81-S85. https://doi.org/10.1542/peds.2016-1758H

82. Ministerio de Sanidad y Observatorio Español de las Drogas y las Adicciones. Delegación del Gobierno para el Plan Nacional sobre Drogas (2022). *Informe sobre trastornos comportamentales 2022: juego con dinero, uso de videojuegos y uso compulsivo de Internet en las encuestas de drogas y otras adicciones en España EDADES y ESTUDES.* Madrid.

83. Pons, M., Bordoy, A., Alemany, E., Huget, O., Zagaglia, A., Slyvka, S. y Yáñez, A. (2021). Hábitos familiares relacionados con el uso excesivo de pantallas recreativas (televisión y videojuegos) en la infancia. *Revista Española de Salud Pública, 95,* e202101002.

84. Asociación Española de Pediatría (2024). *La AEP actualiza sus recomendaciones sobre el uso de pantallas en la infancia y adolescencia en base a la nueva evidencia científica.* Recuperado de: https://www.aeped.es/sites/default/files/20241205_ndp_aep_actualizacion_plan_digital_familiar_def.pdf

85. Gonzálvez, M., Espada, J. y Tejeiro, R. (2016). El uso problemático de videojuegos está relacionado con problemas emocionales en adolescentes. *Adicciones, 29*(3), 180-185. http://dx.doi.org/10.20882/adicciones.745

86. Stevens, M. W., Dorstyn, D., Delfabbro, P. H. y King, D. L. (2021). Global prevalence of gaming disorder: A systematic review and meta-analysis. *Australian & New Zealand Journal of Psychiatry, 55*(6), 553-568. doi:10.1177/0004867420962851

87. Domoff, S. E., Borgen, A. L., Foley, R. P. y Maffett, A. (2019). Excessive use of mobile devices and children's physical health. *Human Behavior and Emerging Technologies, 1*(2), 169-175. https://doi.org/10.1002/hbe2.145

88. Observatorio Nacional de Tecnología y Sociedad (2022). *El uso de la tecnología por los menores en España.* Madrid: Ministerio de Asuntos Económicos y Transformación Digital.

89. Girela-Serrano, B. M., Spiers, A. D., Ruotong, L., Gangadia, S., Toledano, M. B. y Di Simplicio, M. (2022). Impact of mobile phones and wireless devices use on children and adolescents' mental health: A systematic review. *European Child & Adolescent Psychiatry, 16,* 1-31. https://doi.org/10.1007/s00787-022-02012-8

90. Solera-Gómez, S., Soler-Torró, J., Sancho-Cantus, D., Rodríguez, R., De la Rubia-Ortí, J. y Pelegrí, X. (2022). Patrón de uso del teléfono móvil e Internet en adolescentes de entre 11 y 15 años. *Enfermería Clínica, 32*(4), 270-278. https://doi.org/10.1016/j.enfcli.2021.12.007

91. Vicente-Escudero, J. L., Saura-Garre, P., López-Soler, C., Martínez, A. y Alcántara, M. (2019). Adicción al móvil e Internet en adolescentes y su relación con problemas psicopatológicos y variables protectoras. *Escritos de Psicología 12*(2), 103-112. https://doi.org/10.24310/espsiescpsi.v12i2.10065

92. Sánchez-Carbonell, X., Beranuy, M., Castellana, M., Chamarro A. y Oberst, U. (2008). La adicción a Internet y al móvil: ¿moda o trastorno? *Adicciones, 20*(2), 149-159. https://www.redalyc.org/articulo.oa?id=289122057007

93. Salehan, M. y Negahban, A. (2013). Social networking on smartphones: When mobile phones become addictive. *Computers in Human Behavior, 29*(6), 2632-2639. https://doi.org/10.1016/j.chb.2013.07.003

94. Menéndez-García, A., Jiménez-Arroyo, A., Rodrigo-Yanguas, M., Marin-Vila, M., Sánchez-Sánchez, F., Roman-Riechmann, E. y Blasco-Fontecilla, H. (2022). Adicción a Internet, videojuegos y teléfonos móviles en niños y adolescentes: un estudio de casos y controles. *Adicciones, 34*(3), 208-217. https://doi.org/10.20882/adicciones.1469

95. Edwards, E., Taylor, C. y Vaughan, R. (2022). Individual differences in self-esteem and social anxiety predict problem smartphone use in adolescents. *School Psychology International, 43*(5), 460-476. https://doi.org/10.1177/01430343221111061

96. Andreassen, C. S., Griffiths, M. D., Gjertsen, S. R., Krossbakken, E., Kvam, S. y Pallesen, S. (2013). The relationships between behavioral addictions and the five-factor model of personality. *Journal of Behavioral Addictions, 2*(2), 90-99. https://doi.org/10.1556/jba.2.2013.003

97. Díaz-López, A., Maquilón Sánchez, J. J. y Mirete-Ruiz, A. B. (2023). Uso problemático del smartphone en la adolescencia: supervisión familiar y estrés tecnológico. *Health and Addictions, 23*(1), 302-314. https://doi.org/10.21134/haaj.v23i1.758

98. Kim, J. H. (2021). Factors associated with smartphone addiction tendency in Korean adolescents. *International Journal of Environmental Research and Public Health, 18*(21), 11668. https://doi.org/10.3390/ijerph182111668

99. Kung, V. (2012). *Rise of 'nomophobia': More people fear loss of mobile contact.* CNN. https://edition.cnn.com/2012/03/06/tech/mobile/nomophobia-mobile-addiction/index.html

100. Anshari, M., Alas, Y. y Sulaiman, E. (2019). Smartphone addictions and nomophobia among youth. *Vulnerable Children and Youth Studies, 14*(3), 242-247. https://doi.org/10.1080/17450128.2019.1614709

101. Agreda Montoro, M., Hinojo Lucera, M. y Aznar Díaz, I. (2016). Estudio evaluativo del impacto de las nuevas tecnologías en la juventud y adolescencia en la provincia de Granada, España. *Revista Estudios Hemisféricos y Polares, 7*(4), 61-77. https://reunir.unir.net/handle/123456789/5852

102. De Sola Gutiérrez, J. D. (2017). *El uso problemático del teléfono móvil: desde el abuso a su consideración como adicción comportamental* [Tesis doctoral, Universidad Complutense de Madrid, España]. https://eprints.ucm.es/id/eprint/46732/

103. Echeburúa, E., Labrador, F. y Becoña, E. (2009). *Adicción a las nuevas tecnologías en jóvenes y adolescentes.* Pirámide.

104. Hysing, M., Pallesen, S., Stormark, K. M., Jakobsen, R., Lundervold, A. J. y Sivertsen, B. (2015). Sleep and use of electronic devices in adolescence: Results from a large population-based study. *BMJ Open, 5*(1), e006748. https://doi.org/10.1136/bmjopen-2014-006748

105. López-Fernández, O., Honrubia-Serrano, M. y Freixa-Blanxart, M. (2012). Adaptación española del «Mobile Phone Problem Use Scale» para población adolescente. *Adicciones, 24*(2), 123-130. https://www.redalyc.org/articulo.oa?id=289122912005

106. Besoli, G., Palomas, N. y Chamarro, A. (2018). Uso del móvil en padres, niños y adolescentes: creencias acerca de sus riesgos y beneficios. *Aloma: Revista de Psicología, Ciències de l'Educació i de l'Esport, 36*(1), 29-39. https://doi.org/10.51698/aloma.2018.36.1.29-39

107. Ofcom (2022). *Children and parents: Media use and attitudes report 2022.* Londres, UK: Office of Communications (ofcom.org.uk).

108. Kabali, H., Irigoyen, M., Nunez-Davis, R., Budacki, J., Mohanty, S., Leister, K. y Bonner Jr., R. (2015). Exposure and use of mobile media devices by young children. *Pediatrics, 136*(6), 1044-1050. https://doi.org/10.1542/peds.2015-2151

109. GSMA y NTT DOCOMO (2015). *Children's use of mobile phones: A special report 2014.* GSMA2014_Report_ChildrensUseOfMobilePhonesASpecialReport.pdf

110. Smith, P. K., Catalano, R., Junger-Tas, J. J., Slee, P. P., Morita, Y. y Olweus, D. (1999). *The nature of school bullying: A cross-national perspective.* Psychology Press.

111. Smith, P. K., Mahdavi, J., Carvalho, M., Fisher, S., Russell, S. y Tippett, N. (2008). Cyberbullying: Its nature and impact in secondary school pupils. *Journal of Child Psychology and Psychiatry, 49*(4), 376-385. https://doi.org/10.1111/j.1469-7610.2007.01846.x

112. Slonje, R., Smith, P. K. y Frisén, A. (2013). The nature of cyberbullying, and strategies for prevention. *Computers in Human Behavior, 29*(1), 26-32. https://doi.org/10.1016/j.chb.2012.05.024

113. Olweus, D., Byrne, B. y Awiria, O. (1994). Bullying at school – What we know and what we can do. *British Journal of Educational Studies, 42*(4), 403-406. https://doi.org/10.2307/3121681

114. Whittle, H., Hamilton-Giachritsis, C., Beech, A. y Collings, G. (2013). A review of online grooming: Characteristics and concerns. *Aggression and Violent Behavior, 18*(1), 62-70. https://doi.org/10.1016/j.avb.2012.09.003

115. Craven, S., Brown, S. y Gilchrist, E. (2006). Sexual grooming of children: Review of literature and theoretical considerations. *Journal of Sexual Aggression, 12*(3), 287-299. https://doi.org/10.1080/13552600601069414

116. Raine, S. y Kent, S. A. (2019). The grooming of children for sexual abuse in religious settings: Unique characteristics and select case studies. *Aggression and Violent Behavior, 48*, 180-189. https://doi.org/10.1016/j.avb.2019.08.017

117. Van Dam, C. (2001). *Identifying child molesters: Preventing child sexual abuse by recognizing the patterns of the offenders.* Psychology Press.

118. Mcalinden, A. (2006). 'Setting 'em up': Personal, familial and institutional grooming in the sexual abuse of children. *Social & Legal Studies, 15*(3), 339-362. https://doi.org/10.1177/0964663906066613

119. O'Connell, R. (2003). A typology of cyber sexploitation and online grooming practices. *Cyberspace Resource Unit* University of Central Lancashire.

120. Ospina, M., Harstall, C. y Dennett, L. (2010). *Sexual exploitation of children and youth over the Internet: A rapid review of the scientific literature.* Institute of Health Economics.

121. Olson, L. N., Daggs, J. L., Ellevold, B. L. y Rogers, T. K. (2007). Entrapping the innocent: Toward a theory of child sexual predators? Luring communication. *Communication Theory, 17*(3), 231-251. https://doi.org/10.1111/j.1468-2885.2007.00294.x

122. Moreno, C., Ramos, P., Rivera, F., Sánchez-Queija, I., Jiménez-Iglesias, A., García-Moya, I., ... y Leal-López, E. (2018). *La adolescencia en España: salud, bienestar, familia, vida académica y social. Resultados del estudio HBSC 2018* (E. Ciria-Barreiro, ed.). Ministerio de Sanidad.

123. Montiel, I., Carbonell, E. y Fereda, N. (2016). Multiple online victimization of Spanish adolescents: Results from a community sample. *Child Abuse & Neglect, 52,* 123-134. https://doi.org/10.1016/j.chiabu.2015.12.005

124. Inchley, J., Már Arnarsson, Á., Kelly, C., Cosma, A., Jåstad, A., Torsheim, T., ... y Currie, D. (2020). *Spotlight on adolescent health and well-being. Findings from the 2017/2018 Health Behaviour in School-aged Children (HBSC) survey in Europe and Canada. International report.* World Health Organization.

125. Orben, A., Przybylski, A. K., Blakemore, S. J. y Kievit, R. A. (2022). Windows of developmental sensitivity to social media. *Nature Communications, 13*(1), 1649. https://doi.org/10.138/s41467-022-29296-3

126. Craig, S. L., Eaton, A. D., McInroy, L. B., Leung, V. W. y Krishnan, S. (2021). Can social media participation enhance LGBTQ+ youth well-being? Development of the social media benefits scale. *Social Media + Society, 7*(1). https://doi.org/10.1177/2056305121988931

127. Holden, C. (2001). 'Behavioral' adicctions: Do they exist? *Science, 294*(5544), 980-982. https://doi.org/10.1126/science.294.5544.980

128. Paulus, F. W., Ohmann, S., Von Gontard, A. y Popow, C. (2018). Internet gaming disorder in children and adolescents: A systematic review. *Development Medical Child Neurology, 60*(7), 645-659. https://doi.org/10.1111/dmcn.13754

129. Díaz-Salabert, J. (2023). *Guía prevención e intervención breve en el uso problemático de las nuevas tecnologías de la información y la comunicación y otras conductas adictivas en colectivos vulnerabilizados. Una herramienta para Médicos del Mundo.* Ministerio de Sanidad, Gobierno de España.

130. Turel, O., Romashkin, A. y Morrison, K. M. (2016). Health outcomes of information system use lifestyle among adolescents: Videogame addiction, sleep curtailment and cardio-metabolic deficiencies. *PLoS ONE, 11*(5), e0154764. https://doi.org/10.1371/journal.pone.0154764.

131. American Psychological Association (2023). Protecting teens on social media. *Monitor on Psychology* (September), 46-53. https://www.apa.org/monitor/2023/2023-09-monitor.pdf

132. Oksanen, A., Miller, B. L., Savolainen, I., Sirola, A., Demant, J., Kaakinen, M. y Zych, I. (2021). Social media and access to drugs online: A nationwide study in the United States and Spain among adolescents and young adults. *European Journal of Psychology Applied to Legal Context, 13*(1), 29-36. https://doi.org/10.5093/EJPALC2021A5

133. Romer, D. y Moreno, M. (2017). Digital media and risks for adolescent substance abuse and problematic gambling. *Pediatrics, 140,* S102-S106. https://doi.org/10.1542/peds.2016-1758L

134. Berg, C. J., LoParco, C. R., Cui, Y., Pannell, A., Kong, G., Griffith, L., Romm, K. F., Yang, Y. T., Wang, Y. y Cavazos-Rehg, P. A. (2023). A review of social media platform policies that address cannabis promotion, marketing and sales. *Substance Abuse Treatment, Prevention, and Policy, 18*(1), 35. https://doi.org/10.1186/s13011-023-00546-x

135. Van der Sanden, R., Wilkins, C., Romeo, J. S., Rychert, M. y Barratt, M. J. (2021). Predictors of using social media to purchase drugs in New Zealand: Findings from a large-scale online survey. *The International Journal on Drug Policy, 98,* 103430. https://doi.org/10.1016/j.drugpo.2021.103430

136. Yen, J. Y., Yen, C. F., Chen, C. C., Chen, S. H. y Ko, C. H. (2007). Family factors of Internet addiction and substance use experience in Taiwanese adolescents. *Cyberpsychology & Behavior: The Impact of the Internet, Multimedia and Virtual Reality on Behavior and Society, 10*(3), 323-329. https://doi.org/10.1089/CPB.2006.9948

137. Kaakinen, M., Keipi, T., Räsänen, P. y Oksanen, A. (2018). Cybercrime victimization and subjective well-being: An examination of the buffering effect hypothesis among adolescents and young adults. *Cyberpsychology, Behavior and Social Networking, 21*(2), 129-137. https://doi.org/10.1089/CYBER.2016.0728

138. Koivula, A., Kaakinen, M., Oksanen, A. y Räsänen, P. (2019). The role of political activity in the formation of online identity bubbles. *Policy & Internet, 11*(4), 396-417. https://doi.org/10.1002/POI3.211

139. Oksanen, A., Savolainen, I., Sirola, A. y Kaakinen, M. (2018). Problem gambling and psychological distress: A cross-national perspective on the mediating effect of consumer debt and debt problems among emerging adults. *Harm Reduction Journal, 15*(1). https://doi.org/10.1186/S12954-018-0251-9

140. Savolainen, I., Sirola, A., Kaakinen, M. y Oksanen, A. (2019). Peer group identification as determinant of youth behavior and the role of perceived social support in problem gambling. *Journal of Gambling Studies, 35*(1), 15-30. https://doi.org/10.1007/S10899-018-9813-8

141. Baumeister, R. F. y Leary, M. R. (1995). The need to belong: Desire for interpersonal attachments as a fundamental human motivation. *Psychological Bulletin, 117*(3), 497-529. https://doi.org/10.1037/0033-2909.117.3.497

142. Holt-Lunstad, J., Smith, T. B. y Layton, J. B. (2010). Social relationships and mortality risk: A meta-analytic review. *PLoS Medicine, 7*(7). https://doi.org/10.1371/JOURNAL.PMED.1000316

143. Slatcher, R. B. y Selcuk, E. (2017). A social psychological perspective on the links between close relationships and health. *Current Directions in Psychological Science, 26*(1), 16-21. https://doi.org/10.1177/0963721416667444

144. Fisoun, V., Floros, G., Siomos, K., Geroukalis, D. y Navridis, K. (2012). Internet addiction as an important predictor in early detection of adolescent drug use experience-implications for research and practice. *Journal of Addiction Medicine, 6*(1), 77-84. https://doi.org/10.1097/ADM.0b013e318233d637

145. Maier, L. J., Ferris, J. A. y Winstock, A. R. (2018). Pharmacological cognitive enhancement among non-ADHD individuals – A cross-sectional study in 15 countries. *The International Journal on Drug Policy, 58,* 104-112. https://doi.org/10.1016/J.DRUGPO.2018.05.009

146. McCabe, S. E., Boyd, C. J. y Young, A. (2007). Medical and nonmedical use of prescription drugs among secondary school students. *The Journal of Adolescent Health, 40*(1), 76-83. https://doi.org/10.1016/J.JADOHEALTH.2006.07.016

147. McCabe, S. E., West, B. T., Teter, C. J. y Boyd, C. J. (2014). Trends in medical use, diversion, and nonmedical use of prescription medications among college students from 2003 to 2013: Connecting the dots. *Addictive Behaviors, 39*(7), 1176-1182. https://doi.org/10.1016/J.ADDBEH.2014.03.008

148. Petersen, M. A., Petersen, I. L., Poulsen, C. y Nørgaard, L. S. (2021). #Study-drugs-Persuasive posting on Instagram. *The International Journal on Drug Policy, 95,* 103100. https://doi.org/10.1016/j.drugpo.2020.103100

149. Moyle, L., Childs, A., Coomber, R. y Barratt, M. J. (2019). #Drugsforsale: An exploration of the use of social media and encrypted messaging apps to supply and access drugs. *The International Journal on Drug Policy, 63,* 101-110. https://doi.org/10.1016/J.DRUGPO.2018.08.005

150. Sharif, S., Guirguis, A., Fergus, S. y Schifano, F. (2021). The use and impact of cognitive enhancers among university students: A systematic review. *Brain Sciences, 11*(3). https://doi.org/10.3390/brainsci11030355

151. Hope, V. D., Underwood, M., Mulrooney, K., Mazanov, J., Van de Ven, K. y McVeigh, J. (2021). Human enhancement drugs: Emerging issues and respon-

ses. *The International Journal on Drug Policy, 95,* 103459. https://doi.org/10.1016/J.DRUGPO.2021.103459

152. McBride, J. A., Carson 3rd, C. C. y Coward, R. M. (2018). The availability and acquisition of illicit anabolic androgenic steroids and testosterone preparations on the Internet. *American Journal of Men's Health, 12*(5), 1352-1357. https://doi.org/10.1177/1557988316648704

153. Lahti, H., Kokkonen, M., Hietajärvi, L., Lyyra, N. y Paakkari, L. (2024). Social media threats and health among adolescents: Evidence from the health behaviour in school-aged children study. *Child and Adolescent Psychiatry and Mental Health, 18*(1). https://doi.org/10.1186/S13034-024-00754-8

154. Beyens, I., Keijsers, L. y Coyne, S. M. (2022). Social media, parenting, and well-being. *Current Opinion in Psychology, 47,* 101350. https://doi.org/10.1016/J.COPSYC.2022.101350

155. Rodrigo, M. J. y Palacios, J. (1998). *Familia y desarrollo humano.* Alianza Editorial.

156. Ruiz-Corbella, M. y De-Juanas Oliva, A. (2013). Redes sociales, identidad y adolescencia: nuevos retos educativos para la familia. *Estudios sobre Educación, 25,* 95-113.

157. Llanero-Luque, M., Pedrero-Aguilar, J., Morales-Alonso, S. y Puerta-García, C. (2017). Tecnologías de la información y la comunicación (TIC): uso problemático de Internet, videojuegos, teléfonos móviles, mensajería instantánea y redes sociales mediante el MULTICAGE-TIC. *Adicciones, 30*(1), 20-32. doi:10.20882/adicciones.806

158. Álvarez, O., Castillo, I. y Moreno-Pellicer, R. (2019). Transformational parenting style, autonomy support, and their implications for adolescent athletes' burnout. *Psychosocial Intervention, 28*(2), 91-100. https://doi.org/10.5093/pi2019a7

159. Darling, N. y Steinberg, L. (1993). Parenting style as context: An integrative model. *Psychological Bulletin, 113*(3), 487-496. https://doi.org/10.1037/0033-2909.113.3.487

160. Ponce-Gómez, J., Zych, I. y Rodríguez-Ruiz, J. (2023). Uso problemático de Internet por parte de los menores desde la perspectiva parental antes y después del confinamiento general por COVID-19. *Pychology Society & Education, 15*(1), 11-19.

161. Amigo Vázquez, I. (2020). *Manual de psicología de la salud.* Pirámide.

162. Niu, X., Li, J. Y., King, D. L., Rost, D. H., Wang, H. Z. y Wang, J. L. (2023). The relationship between parenting styles and adolescent problematic Internet use: A three-level meta-analysis. *Journal of Behavioral Addictions, 12*(3), 652-669. https://doi.org/10.1556/2006.2023.00043

163. Galambos, N. L., Barker, E. T. y Almeida, D. M. (2003). Parents do matter: Trajectories of change in externalizing and internalizing problems in early adolescence. *Child Development, 74*(2), 578-594. https://doi.org/10.1111/1467-8624.7402017

164. Baumrind, D. (1971). Current patterns of parental authority. *Developmental Psychology Monograph, 4,* 1-103. https://doi.org/10.1037/h0030372

165. Bakar, M. F. A., Yusoff, S. S. M., Rahman, R. A. e Idris, N. S. (2021). The prevalence of smartphone addiction and its association with parenting styles among secondary school students in Kota Bharu, Kelantan. *International Medical Journal, 28*(5), 542-546.

166. Karaer, Y. y Akdemir, D. (2019). Parenting styles, perceived social support and emotion regulation in adolescents with Internet addiction. *Comprehensive Psychiatry, 92,* 22-27. https //doi.org/10.1016/j.comppsych.2019.03.003

167. Onyekachi, B. N., Egboluche, F. O. y Chukwuorji, J. C. (2022). Parenting style, social interaction anxiety, and problematic Internet use among students. *Journal of Psychology in Africa, 32*(1), 79-85. https://doi.org/10.1080/14330237.2021.2002030

168. Lo, B. C. Y., Lai, R. N. M., Ng, T. K. y Wang, H. (2020). Worry and permissive parenting in association with the development of Internet addiction in children. *International Journal of Environmental Research and Public Health, 17*(21). https://doi.org/10.3390/ijerph17217722

169. Chung, S. A., Bae, S., Kim, H. J., Lee, J. W., Hwang, H. y Han, D. H. (2023). Mediating effects of attention problems on the link between parenting style and Internet gaming disorder in adolescents. *Frontiers in Psychiatry, 14.* https://doi.org/10.3389/fpsyt.2023.1211889

170. Lo, C. K. M., Ho, F. K., Emery, C., Chan, K. L., Wong, R. S., Tung, K. T. S. e Ip, P. (2021). Association of harsh parenting and maltreatment with Internet addiction, and the mediating role of bullying and social support. *Child Abuse & Neglect, 113,* 104928. https://doi.org/10.1016/j.chiabu.2021.104928

171. Ministerio de Juventud e Infancia (2024). Informe del comité de personas expertas para el desarrollo de un entorno digital seguro para la juventud y la infancia. Recuperado de: https://www.juventudeinfancia.gob.es/sites/default/files/noticias/Informe%20del%20comit%C3%A9%20de%20personas%20expertas%20para%20el%20desarrollo%20de%20un%20entorno%20digital%20seguro%20para%20la%20juventud%20y%20la%20infancia.pdf

172. Lam, L. T. (2020). The roles of parent-and-child mental health and parental Internet addiction in adolescent Internet addiction: Does a parent-and-child gender match matter? *Frontiers in Public Health, 8.* https://doi.org/10.3389/fpubh.2020.00142

173. Doo, E. Y. y Kim, J. H. (2022). Parental smartphone addiction and adolescent smartphone addiction by negative parenting attitude and adolescent aggression: A cross-sectional study. *Frontiers in Public Health, 10.* https://doi.org/10.3389/fpubh.2022.981245

174. Gómez, P., Harris, S. K., Barreiro, C., Isorna, M. y Rial, A. (2017). Profiles of Internet use and parental involvement, and rates of online risks and problematic Internet use among Spanish adolescents. *Computers in Human Behavior, 75,* 826-833. https://doi.org/10.1016/j.chb.2017.06.027

175. Lee, E. J. y Kim, H. S. (2018). Gender differences in smartphone addiction behaviors associated with parent-child bonding, parent-child communication, and parental mediation among Korean elementary school students. *Journal of Addictions Nursing, 29*(4), 244-254. https://doi.org/10.1097/JAN.0000000000000254

176. Lin, Y. H. y Gau, S. (2013). Association between morningness-eveningness and the severity of compulsive Internet use: The moderating role of gender and parenting style. *Sleep Medicine, 14*(12), 1398-1404. https://doi.org/10.1016/j.sleep.2013.06.015

177. Liu, S. H., Wang, X. Y., Zou, S. Q. y Wu, X. C. (2022). Adolescent problematic Internet use and parental involvement: The chain mediating effects of parenting stress and parental expectations across early, middle, and late adolescence. *Family Process, 61*(4), 1696-1714. https://doi.org/10.1111/famp.12757

178. Hsieh, Y. P., Shen, A., Wei, H. S., Feng, J. Y., Huang, S. y Hwa, H. L. (2018). Internet addiction: A closer look at multidimensional parenting practices and child mental health. *Cyberpsychology Behavior and Social Networking, 21*(12), 768-773. https://doi.org/10.1089/cyber.2018.0435

179. Gao, Q. F., Zheng, H. Y., Sun, R. M. y Lu, S. H. (2022). Parent-adolescent relationships, peer relationships, and adolescent mobile phone addiction: The mediating role of psychological needs satisfaction. *Addictive Behaviors, 129,* 107260. https://doi.org/10.1016/j.addbeh.2022.107260

180. Gao, Q. F., Sun, R. M., Li, B., Xiang, K. Q., Zheng, M. H., Fu, E. y Kong, F. C. (2022). How different levels of mobile phone addiction relate to adolescent depressive symptoms: The mediating role of parent-adolescent relationships. *Journal of Psychopathology and Behavioral Assessment, 44*(4), 1099-1109. https://doi.org/10.1007/s10862-022-09993-5

181. Hong, Y. P., Yeom, Y. O. y Lim, M. H. (2021). Relationships between smartphone addiction and smartphone usage types, depression, ADHD, stress, interpersonal problems, and parenting attitude with middle school students. *Journal of Korean Medical Science, 36*(19). https://doi.org/10.3346/jkms.2021.36.e129

182. Ahmadian, M., Namnabati, M. y Joonbakhsh, F. (2022). Investigation of correlation between Internet addiction and parent-child relationship in girls' adolescence in the COVID-19 pandemic. *Journal of Education and Health Promotion, 11,* 340. https://doi.org/10.4103/jehp.jehp_1504_21

183. Li, X. J., Ding, Y., Bai, X. C. y Liu, L. S. (2022). Associations between parental mediation and adolescents' Internet addiction: The role of parent-child relationship and adolescents' grades. *Frontiers in Psychology, 13*. https://doi.org/10.3389/fpsyg.2022.1061631

184. Bulanik Koc, E., Karacetin Ozer, G., Mutlu, C., Onal, B. S., Ciftci, A. y Ercan, O. (2020). Assessment of attitude of parents towards adolescents with Internet gaming disorder. *Pediatrics International, 62*(7), 848-856. https://doi.org/10.1111/ped.14238

185. Chou, H. L. y Chou, C. (2019). A quantitative analysis of factors related to Taiwan teenagers' smartphone addiction tendency using a random sample of parent-child dyads. *Computers in Human Behavior, 99,* 335-344. https://doi.org/10.1016/j.chb.2019.05.032

186. Alwaely, S. A., Minnullina, R., Fedorova, E. y Lazareva, Y. (2023). Case study in Russia: The views of parents on schoolchildren's cyber addiction in the course of online learning. *Cogent Education, 10*(1). https://doi.org/10.1080/2331186X.2022.2156187

187. Liu, J. J., Wu, L., Sun, X. J., Bai, X. Q. y Duan, C. Y. (2023). Active parental mediation and adolescent problematic Internet use: The mediating role of parent-child relationships and hiding online behavior. *Behavioral Sciences, 13*(8). https://doi.org/10.3390/bs13080679

188. Lukavská, K., Vacek, J., Hrabec, O., Božík, M., Slussareff, M., Píšová, M., Kocourek, D., Svobodová, L. y Gabrhelík, R. (2021). Measuring parental behavior towards children's use of media and screen-devices: The development and psychometrical properties of a media parenting scale for parents of school-aged children. *International Journal of Environmental Research and Public Health, 18*(17), 9178. https://doi.org/10.3390/ijerph18179178

189. Qi, H., Kang, Q. y Bi, C. (2022). How does the parent-adolescent relationship affect adolescent Internet addiction? parents' distinctive influences. *Frontiers in Psychology, 13*. https://doi.org/10.3389/fpsyg.2022.886168

190. Chen, Y. L., Chen, S. H. y Gau, S. (2015). ADHD and autistic traits, family function, parenting style, and social adjustment for Internet addiction among children and adolescents in Taiwan: A longitudinal study. *Developmental Disabilities, 39*, 20-31. https://doi.org/10.1016/j.ridd.2014.12.025

191. Chen, I. H., Lee, Z. H., Dong, X. Y., Gamble, J. H. y Feng, H. W. (2020). The influence of parenting style and time management tendency on Internet gaming disorder among adolescents. *International Journal of Environmental Research and Public Health, 17*(23). https://doi.org/10.3390/ijerph17239120

192. Lam, L. T. y Wong, E. M. Y. (2015). Stress moderates the relationship between problematic Internet use by parents and problematic Internet use by adolescents. *Journal of Adolescent Health, 56*(3), 300-306. https://doi.org/10.1016/j.jadohealth.2014.10.263

193. Bagatarhan, T., Siyez, D. M. y Vazsonyi, A. T. (2023). Parenting and Internet addiction among youth: The mediating role of adolescent self-control. *Journal of Child and Family Studies, 32*(9), 2710-2720. https://doi.org/10.1007/s10826-022-02341-x

194. Labrador, F. J. y Villadangos, S. M. (2010). Menores y nuevas tecnologías: conductas indicadoras de posible problema de adicción. *Psicothema, 22*(2), 180-188.

195. Labrador, F. J., Villadangos, S. M., Crespo, M. y Becoña. E. (2013). Desarrollo y validación del cuestionario de uso problemático de nuevas tecnologías (UPNT). *Anales de Psicología, 29*(3), 836-847. http://dx.doi.org/10.6018/analesps.29.3.159291

196. Peris, M., Maganto, C. y Garaigordobil, M. (2018). Escala de riesgo de adicción adolescente a las redes sociales e Internet: fiabilidad y validez (ERA-RSI). *Revista de Psicología Clínica con Niños y Adolescentes, 5*(2), 30-36. doi: 10.21134/rpcna.2018.05.2.4

197. Marcos, M. y Chóliz, M. (2021). Tecnotest: desarrollo de una herramienta de screening de adicciones tecnológicas y juego. *Adicciones, 35*(3). https://doi.org/10.20882/adicciones.1380

198. Basteiro, J., Robles-Fernández, A., Juarros-Basterretxea, J. y Pedrosa, I. (2013). Adicción a las redes sociales: creación y validación de un instrumento de

medida. *Revista de Investigación y Divulgación en Psicología y Logopedia, 3*(1), 2-8.

199. Chamarro, A., Carbonell, X., Manresa, J. M., Muñoz- Miralles, R., Ortega-González, R., López-Morrón, M. R., Batalla-Martínez, C. y Toran, P. (2014). El cuestionario de experiencias relacionadas con los videojuegos (CERV): un instrumento para detectar el uso problemático de videojuegos en adolescentes españoles. *Adicciones, 26*(4), 303-311. https://doi.org/10.20882/adicciones.31

200. Fuster, H., Carbonell, X., Pontes, H. M. y Griffiths, M. D. (2016). Spanish validation of the Internet Gaming Disorder-20 (IGD-20) Test. *Computers in Human Behavior, 56,* 215-224. https://doi.org/10.1016/j.chb.2015.11.050

201. Bernaldo de Quirós, M., Labrador-Méndez, M., Sánchez-Iglesias, I. y Labrador, F. J. (2020). Measurement instruments of Internet gaming disorder in adolescents and young people according to DSM-5 criteria: A systematic review. *Adicciones, 32*(4), 291-302. https://doi.org/10.20882/adicciones.1277

202. Madrid Salud (2011). *Adicciones sin drogas* (I). Página de salud pública del Ayuntamiento de Madrid. Recuperado de: https://madridsalud.es/adicciones-sin-drogas-i/

203. Hale, H. y Guan, S. (2015). Screen time and sleep among school-aged children and adolescents: A systematic literature review. *Sleep Medicine Reviews, 21,* 50-58. https://doi.org/10.1016/j.smrv.2014.07.007

204. Madrid Salud (2011). *Adicciones sin drogas* (II). Página de salud pública del Ayuntamiento de Madrid. Recuperado de: https://madridsalud.es/adicciones-sin-drogas-ii/

205. Agencia Española de Protección de Datos (2022). *Más que un móvil: la guía que no viene con el móvil.* Agencia Española de Protección de Datos (AEPD) y UNICEF España.

206. Peterson, C. y Seligman, M. E. P. (2004). *Character strengths and virtues. A handbook and classification.* Oxford University Press; American Psychological Association.

TÍTULOS PUBLICADOS

50 técnicas psicoterapéuticas, *L. Nomen.*
Abordaje terapéutico grupal en salud mental, *I. Gómez y L. Moya.*
Amando sin dolor, disfrutar amando, *F. Gálligo.*
Ansiedad social, *M.ª N. Vera y G. M.ª Roldán.*
Apoyo psicológico en situaciones de emergencia, *J. M. Fernández.*
Aulas sin bullying, aulas sin miedo, *T. García Arias.*
Autoliderazgo y conducción de grupos, *M.ª Palacin y A. Alma.*
Bulimia nerviosa, *I. Dúo, M.ª P. López, J. Pastor y A. R. Sepúlveda.*
Bullying, ciberbullying y sexting, *J. A. Molina y P. Vecina.*
Calidad de vida y bienestar en la vejez, *M.ª del M. Ferradás y C. Freire.*
Cine, metáforas y psicoterapia, *I. Caro (coord.).*
Claves para aprender en un ambiente positivo y divertido, *B. García (dir.).*
Cómo potenciar las emociones positivas y afrontar las negativas, *C. Maganto y J. M.ª Maganto.*
Cómo sobreponerse a la ansiedad, *I. Zych.*
Comprender la ansiedad, las fobias y el estrés, *J. Rojo.*
Consumir sin consumirse, *J. M.ª Arana y D. de Castro.*
Deja atrás la depresión y alcanza la felicidad, *F. L. Vázquez, P. Otero, A. J. Torres y M. Arrojo.*
Deje de sufrir por todo y por nada, *R. Ladouceur, É. Léger y L. Bélanger.*
Desde el principio, *Marta Giménez-Dasí.*
Discapacidad intelectual en la empresa, *A. de la Herrán y D. Izuzquiza.*
Discriminación por obesidad, *J. I. Baile.*
¿Dónde están los hombres?, *J. Ramos Brieva.*
Educación social y atención a la infancia, *M. Fernández, J. M. Fernández y A. Hamido.*
Educación vocal, *M.ª J. Fiuza.*
El complejo mundo de las relaciones interpersonales, *M.ª I. Monjas.*
El duelo y la muerte, *L. Nomen.*
El estrés en cuidadores de mayores dependientes, *M.ª Crespo y J. López.*
El suicidio en la adolescencia, *L. Pérez y Nicolás Sánchez.*
El TDAH, *R. Lavigne y J. F. Romero.*
El trastorno obsesivo-compulsivo, *A. Gavino.*
Emociónate, *A. Soldevila.*
Enseñar en la universidad, *M. Brauer.*
Estrés, maltrato infantil y psicopatología, *J. Toro.*
Felizmente, *C. Valiente, R. Espinosa, A. Contreras, A. Trucharte, J. Nieto, B. Lozano, V. Peinado y R. Caballero.*
Formación de formadores, *P. del Pozo.*
Gestión de emociones en el día a día, *J. M. Mestre, J. M. Gutiérrez-Trigo, C. Guerrero y R. Guil.*
Guía de intervención con cuidadores familiares de personas con demencia, *S. Garcíaz, A. B. Navarro y B. Bueno*
Guía de técnicas de terapia de conducta, *A. Gavino.*
Guía práctica de detección de problemas de salud mental, *B. Ausin y M. Muñoz.*
Habilidades del terapeuta de niños y adolescentes, *A. Fernández.*
Hiperconectados, *E. Rincón (coord.).*
Iniciativa personal, *A. Lisbona y M. Frese.*
Infertilidad y reproducción asistida, *Y. Gómez, F. J. de Castro, R. Antequera, C. Moreno, C. Jenaro y A. Ávila.*
Intervención de las familias y profesionales en personas con trastornos del espectro autista, *M. Ojea.*
Intervención psicológica en emergencias, *M.ª D. Pujadas Sánchez.*
Intervención psicológica en terapia de pareja, *F. J. Labrador.*
Intervención psicológica grupal en dolor crónico, *J. Rodríguez, S. Couceiro y C. J. van der Hofstadt.*
La comunicación para parejas inteligentes, *R. Roche.*
La infertilidad, *Y. Gómez, R. Antequera, C. Moreno, C. Jenaro, A. Ávila y B. Hurtado.*
La pareja en la vejez, *M.ª H. Feliu.*
La persuasión, *J. Borg.*
La regulación de las emociones, *J. M. Mestre.*
La vida es juego, *V. J. Ventosa Pérez.*
Liberarse de las apariencias, *M.ª Calado.*
Los conflictos, *J. M. Fernández, y M.ª del M. Ortiz.*
MADEMO. Manual de educación emocional para docentes, *I. Montoya, K. Schoeps y S. Postigo y R. González.*
Manual de intervención integral en psicoestimulación para demencias, *Á. Rodríguez Mora.*
Manual de la entrevista psicológica, *C. Perpiñá, I. Montoya y S. Valero.*

Manual ilustrado de habilidades de comunicación, *E. López Méndez, P. Llorente Domingo y M. Costa Cabanillas.*
Mente activa, *M. Fernández, A. da C. Soares, M.ª Lens y J. M. Mayán.*
Mi líder soy yo, *A. Valera Ibáñez.*
Mi pareja no me escucha, *J. A. Delgado.*
Mitos viejos y nuevos sobre sexualidad, *F. López.*
Muerte por suicidio, *E. Echeburúa.*
Mujeres víctimas de la violencia doméstica, *F. J. Labrador, P. de Luis, R. Fernández y P. Paz.*
Niños hiperactivos, *I. Moreno y M.ª S. Menéres.*
Orientación profesional en la incertidumbre, *P. Martínez y C. González.*
Pequeño tratado de manipulación para gente de bien, *R.-V. Joule y J.-L. Beauvois.*
Placebos, fármacos y psicoterapias, *J. Toro.*
Plan estratégico personal, *M. Á. Mañas.*
¿Por qué víctima es femenino y agresor masculino?, *E. Echeburúa y S. Redondo.*
Problemas psicológicos en jóvenes universitarios, *C. Larroy y F. J. Estupiñá.*
Procedimientos terapéuticos en niños y adolescentes, *J. M. Ortigosa, F. X. Méndez y A. Riquelme.*
Profesor a mucha honra, *I. Jiménez Largo.*
Programa de intervención multidimensional para la ansiedad social (IMAS). Libro del terapeuta, *V. E. Caballo, I. C. Salazar, L. Garrido, M.ª J. Irurtia y S. G. Hofmann.*
Programa de intervención multidimensional para la ansiedad social (IMAS). Libro del paciente, *V. E. Caballo, I. C. Salazar y L. Garrido.*
Programa para el control del estrés, *M.ª I. Peralta y H. Robles.*
Programa para la intervención psicológica del mutismo selectivo en los contextos educativos, *J. Olivares y P. J. Olivares.*
Programa para mejorar el sentido del humor, *B. García.*
Programa NUHELP, *E. Mota, D. Puente y R. Montoya (coords.).*
Programa Relaciones Positivas (PRP), *M.ª I. Monjas.*
Programa SALUDIVERSEX, *M.ª D. Gil Llario, R. Ballester, L. Caballero y C. Escalera.*
Protección social a las personas en situación de dependencia en España, *J. Á. Martínez-López (coord.).*
Protocolo multimedia para fobias específicas, *A. Ruiz y L. Valero.*
Protocolo unificado para el tratamiento transdiagnóstico de los trastornos emocionales en adolescentes, *J. Ehrenreich-May, S. M. Kennedy, J. A. Sherman, S. M. Bennett y D. H. Barlow.*
Protocolo unificado para el tratamiento transdiagnóstico de los trastornos emocionales en niños, *J. Ehrenreich-May, S. M. Kennedy, J. A. Sherman, E. L. Bilek y D. H. Barlow.*
Psicología aplicada a la ayuda en situaciones de emergencia y catástrofe, *J. M. Fernández Millán.*
Psicología aplicada para profesionales de la intervención en emergencias, *J. M. Fernández Millán y M. Fernández Navas.*
¿Qué es el ansia por la comida?, *S. Moreno, S. Rodríguez y M.ª del C. Fernández-Santaella.*
¿Qué es el Parkinson?, *M.ª J. Fiuza y J. M. Mayán.*
Qué fácil ganarlo, qué difícil perderlo, *M. Costa y E. López.*
¿Quién queda en el armario?, *D. Di Marco, L. Munduate, A. Arenas y H. Hoel.*
Salud mental y embarazo, *R. A. Caparros-Gonzalez.*
Ser gordo, sentirse gordo, *I. Amigo.*
Ser padres, actuar como padres, *J. Olivares, A. I. Rosa y P. J. Olivares.*
Si la vida nos da limones, hagamos limonada, *E. López y M. Costa.*
Situaciones difíciles en terapia, *F. J. Labrador.*
Soledad(es), *E. Lara Pérez, N. Martín María (coords.).*
Soy estudiante, *J. Gallego.*
Superar un trauma, *E. Echeburúa.*
Tócame otra vez, *M. Costa y E. López.*
Todo lo que usted siempre quiso saber sobre las emociones, *F. Martínez Sánchez, E. G. Fernández-Abascal, F. Palmero.*
Trastornos alimentarios, *M.ª Calado Otero.*
Tratamiento del TOC en niños y adolescentes, *A. Gavino, R. Nogueira y A. Godoy.*
Tratamiento psicológico de los trastornos de alimentación, *J. Sevillá y C. Pastor.*
Un villano llamado estrés, *M.ª I. Peralta (Coord.).*
Vivencia, experiencia y recuerdo, *R. Aguado Romo.*